軍縮研究 Vol.1

目 次

巻頭言 ………………………………………………… 黒澤 満 …… 3

――― 特 集 ―――

核不拡散・核軍縮に関する国際委員会（International Commission on Nuclear Non-proliferation and Disarmament: ICNND）報告書をめぐって

1. Special Invited Essay ………………………… Gareth Evans …… 4
2. 特別寄稿 ……………………………………… 川口 順子 …… 8
　（英訳）Special Essay ……………………… Yoriko Kawaguchi（13）
◆コメント
1. ICNND 報告書の提出 ……………………… 阿部 信泰 …… 20
2. 履行に向けた国内論議を …………………… 川崎 哲 …… 21

――― 研究ノート ―――

North Korea's Military Provocation and International Consensus
………………………………………………… Cheon Seongwhun …… 23

――― 研究論文 ―――

1. 二国間原子力協定に関する米国の新たなアプローチ
　――米印協定，米 UAE 協定の意義と限界―― ……… 山村 司 …… 27
2. ジェマ・イスラミヤのテロネットワーク ………… 冨永 靖敬 …… 48

――― 書 評 ―――

1. Maria Rost Rublee, *Nonproliferation Norms: Why States Choose*

Nuclear Restraint (Athens: University of Georgia Press, 2009)
.... 佐藤　丙午……73

2. Jacques E. C. Hymans, *The Psychology of Nuclear Proliferation: Identity, Emotions, and Foreign Policy* (New York : Cambridge University Press, 2006)
.... 鈴木達治郎……74

日本軍縮学会だより　　（76）

日本軍縮学会設立総会・記念シンポジウム
2009年度　日本軍縮学会研究大会
日本軍縮学会設立趣意書
日本軍縮学会規約
日本軍縮学会規約細則
日本軍縮学会役員名簿（2009年4月11日－2011年3月31日）
日本軍縮学会委員会メンバー（2009年4月11日－2011年3月31日）

◇編集後記

巻頭言

　日本軍縮学会は2009年4月に設立され，設立記念シンポジウムを行い，8月には年次研究大会を開催しました。またニュースレターもすでに6号刊行されました。学会の任務は，日本における軍縮に関する研究および討論を一層進め，軍縮の具体的成果をより多くより早く達成するために，関係者一同を集結することです。

　学術団体としての学会は研究者が中心でありますが，問題の性質からしてより広い参加が不可欠であり，個人として参加する政治家，政府関係者，NGO，産業界，ジャーナリストなどを含め，現在約120名の会員を擁しています。

　学会の活動として欠かせないのは機関誌の刊行であり，ここに第1号を出すことができたのは大きな喜びです。今後も年1回の刊行を予定しています。機関誌は学会として研究成果を発表する重要な場であり，学術団体としての学会の使命のひとつを実現するものであります。軍縮に関する論説を中心に，研究ノートや書評など幅広く掲載していく予定です。また学会の機関誌は若手の研究者を育成するためにも不可欠であり，これにより多くの研究者が育っていくことが望まれます。

　その意味でも会員の皆様の積極的な投稿を期待しています。会員全員の協力により高いレベルでの機関誌の刊行の継続を目指していきたいと考えています。

日本軍縮学会会長　黒澤　満

特 集

核不拡散・核軍縮に関する国際委員会 (International Commission on Nuclear Non-proliferation and Disarmament: ICNND) 報告書をめぐって

　本特集は，2009年12月に発表された上記報告書を共同議長としてまとめられたGareth Evans，川口順子両氏に，特別にお願いした寄稿論文と，同じく上記委員会に諮問委員として参加された阿部信泰学会副会長，ならびにNGO諮問委員としてかかわってこられた川崎哲（ピースボート共同代表）両氏から特別寄稿していただいたコメントをまとめて掲載するものです。

---

1. Special Invited Essay for the inaugural edition of the Japan Association of Disarmament Studies (JADS) Journal *"Disarmament Review"*

Gareth Evans, Co-Chair, ICNND

No weapon ever invented is more indiscriminate and inhumane than a nuclear bomb. No other threat to humanity is as grave – and avoidable – as the risks associated with the misuse of nuclear physics and the shadow of nuclear weapons cannot be ignored just because it has become familiar over the last sixty years. We dare not forget the testimonies of the *hibakusha*, the survivors of the atomic bombs of 1945. Despite the passing of the Cold War, the world's existing nuclear arsenals – with a combined blast capacity of 150,000 Hiroshima bombs – are capable not only of causing immense human suffering, but of destroying all life on this planet many times over.

It is sheer luck, not good policy or political leadership, that since Nagasaki no nuclear weapon has exploded in a major population centre. Over 23,000 warheads still exist, with nearly half actively deployed, and more than 2,000 on dangerously high alert. Command and control systems are much more susceptible to error than is commonly believed, and we cannot be complacent about the capacity of terrorists to buy or build nuclear weapons. Without cooperative efforts by governments everywhere, the risks will continue to grow. Maintaining the status quo indefinitely is not an option.

This is why in July 2008 the Prime Ministers of Australia and Japan agreed to establish the International Commission on Nuclear Non-proliferation and Disarmament (ICNND), inviting Yoriko Kawaguchi and me to chair it. When we were assigned the task, we saw it as being primarily to energize a high-level international debate – to waken the international community from the sleepwalk into which nuclear policy had fallen since the burst of arms control activity at the end of the Cold War, and in particular to ensure that the May 2010 Nuclear Non-Proliferation Treaty (NPT) Review Conference would not repeat the failure of its predecessor in 2005 to agree on anything of significance.

The initiating of the Commission coincided with a window of opportunity for global nuclear security. There had been the beginnings of a new debate with the publication of the first Shultz-Perry-Kissinger-Nunn "gang of four" article in January 2007, arguing from a hard-headed realist perspective that nuclear weapons had outlived their usefulness, but from the beginning of 2009 the atmosphere really changed: newly elected U.S. President Barack Obama launched a series of nuclear disarmament, non-proliferation and security initiatives – to which President Dmitry Medvedev of Russia, in particular, was immediately responsive – and nuclear issues were squarely back on the global agenda. The Commission's work, by showing in detail how the way forward can and should be navigated, is giving additional new momentum both for a successful outcome at the NPT Review Conference, and for the long years of commitment that lie beyond.

The Commission's report was launched on 15 December 2009 by the Australian and Japanese Prime Ministers. It is the most comprehensive document of its kind, and the unanimous product of fifteen Commissioners, of broad geographic representation and unequalled depth of experience. The Commission adopted an inclusive approach, reaching out to the non-NPT states and combining the expertise and strategic vision of senior political figures (including former heads of state and government), military commanders and internationally recognized experts. It was greatly assisted by an equally impressive Advisory Board, comprising a further 27 distinguished experts from around the globe, and nine Associated Research Centres of great international reputation. In addition to its plenary meetings, the Commission conducted four regional meetings (in North East Asia, Latin America, the Middle East and South Asia) to examine regional dimensions of the disarmament and non-proliferation challenge, as well as to gain regional perspectives on global security issues.

Our report presents a realistic action plan for achieving the elimination of nuclear weapons. We were conscious that our recommendations would go beyond the comfort zone of many governments, but practical disarmament and non-proliferation are firmly in their strategic national interests. It is in no state's interest for new nuclear-armed states to emerge, or for nuclear terrorism to succeed. It is in every state's interest to make concerted efforts to ensure that no nuclear weapons of any kind are ever used again.

The full report, of 330 pages, grapples – in language that is accessible to non-specialists – with all the technical and political issues, and provides clear action agendas for policy makers. It addresses all three of the NPT pillars: non-proliferation, disarmament and the peaceful uses of nuclear energy. The report's 76 recommendations address the short, medium and longer terms, setting clear goals and objectives for the three years to 2012, the fifteen years to 2025, and the years beyond.

Within the next three years, there must be concrete steps for nuclear non-proliferation and disarmament. Agreement on major issues at the May 2010 NPT Review Conference – strengthening the non-proliferation regime and the IAEA, making clear commitments on disarmament, and moving forward on the issue of the Middle East Nuclear Weapons Free Zone – is crucial to maintain and harness momentum. But beyond that we must also bring the Comprehensive Nuclear-Test-Ban Treaty into force, negotiate a convention to ban the production of fissile material for nuclear weapons, achieve significant reductions in weapon numbers and outline a clearly defined path for future disarmament negotiations. The Commission's recommendations support the safe and responsible development of civil nuclear industry, through proliferation-resistant technologies and discouraging states from building their own enrichment and reprocessing facilities. Early movement by the nuclear-armed states to reduce the role of nuclear weapons in their defence planning will give others flexibility to move in ways that will benefit their own national security.

Looking further into the future, the Commission argues that the international community must move towards a "minimization point", from which the final elimination of nuclear weapons can be achieved. We believe it is possible, politically and technically, to slash the global nuclear arsenal down to 2,000 warheads by 2025 – a more than 90 per cent reduction. From the minimization point, new sets of challenges – geopolitical, psychological, technical and legal – will arise which must be dealt with before the final step of outlawing nuclear weapons can occur, but today's leaders, strategic thinkers and technical experts should already be planning and laying the political groundwork for this final step, including by commencing serious work on refining and developing a draft Nuclear Weapons Convention.

The Commission's report is independent and ambitious, and we expect some of its proposal implications to cause some discomfort for some policy-makers, including for example our strong view that extended deterrence does not need to mean extended *nuclear* deterrence, and that the nuclear protection umbrella should be applied to nuclear threats only with non-nuclear threats being met by conventional means. But it is the product of very thorough analysis, discussion, and negotiation among highly informed individuals, many of whom have held positions of very high decision-making responsibility, and offers serious and workable remedies against nuclear catastrophe.

In sponsoring this report, the governments of Australia and Japan have taken a bold step in the right direction. Our hope and expectation is that it will make a major impact in the wider international policy community.

2. 特別寄稿

川口　順子

はじめに

　2008年夏，豪州のラッド首相からの提案を受けて，日豪両政府は，核不拡散・核軍縮に関する国際委員会（ICNND）を設立することを決めた。そして，日豪の二人の元外務大臣，私とGareth Evansさんが共同議長を務めることになった。

　国際委員会は，15人の有識者が委員として参加し，また核問題・安全保障問題の専門家，およびシンクタンクにそれぞれ諮問委員および連携研究機関として協力してもらった。15人の委員は，先進国から8人，発展途上国から7人で，元首，政治家，軍人，外交官，学者，核問題の専門家等様々な背景を持つ人々であった。核武装国出身者も7名いた。私達共同議長は，委員等参加者が，国際社会に存在する様々な意見を適切に代表するよう，バランスに最大限の配慮をした。しかし，ICNNDが質の高い報告書を作ることができたのは，バランスよりも，皆が一人の有識者として，核不拡散・核軍縮・平和的利用を前進させたいと熱心に議論したことにつきる。

　4回の全体会合と4回の地域会合，頻繁な電子メールのやり取りを経て，この委員会は昨年12月に報告書をまとめ，ラッド，鳩山両総理に提出することができた。ICNNDの仕事を支えてくれた両国政府および事務局に，この場を借りて感謝したい。

行動志向的に，包括的に

　報告書を作成するに当たって，私とエバンス共同議長が強く意識したのは，わかりやすく，行動志向型にしたいということであった。

　私は，議長の仕事を始めるに際し，過去に出されたキャンベラ委員会や東京フォーラムの報告書に目を通した。そこで抱いたのは，それらの報告書は，内容もレベルもすばらしいが，あまりにも「玄人」向けであり，大多数の市民や政治家には難解でありすぎるのではないかとの疑問だった。報告書は学者の論文としても通用しなければいけないが，さらに，それを越えなければならない。内容が難しすぎて途中で読むのをあきらめたり，行動する熱気が冷めたりしてしまっては意味がない。なぜなら，核軍縮・不拡散は，一歩でも二歩でも前進することが重要なのであり，前進させるのは市民や政治家の行動力なのである。

　行動志向型の報告書をつくるということは，いくつかの道を捨てることである。この広い世界では，ゴールについて合意はあっても，道筋については様々な考え方があるのが常である。そして，それぞれの考え方の背後にはもっともな理由が存在する。また，異なる考え方が共存することは，シナジーを作る観点から重要だ。しかし，「これもあるが，あれもよい」では，網羅的であり反対者を排除しないが，行動を指し示すことは難しい。いくつかの道を捨てることは，その方法に強くコミットしている人を反対者にすることである。従って，この報告書を強く批判する人も少なからずいるであろう。それでも，行動志向型であることに意味があるというのが，私達の考えであった。

　それでは，行動すべき道のりを示すに当たっての考え方の基準は何か。私達は，それを，「現行政策の三歩先」においた。一歩先ではなく。一歩先では現状とあまり変わらなく，その先に大きな変化を招来することが困難である。といって，現状の政策と余りに違う道筋を選んでも，抵抗が大きすぎて実行できない可能性がある。

　この場合の究極の目標は限りなく高い。目標については理想を貫きながらも，行動は常に国際政治の現実からスタートしなければならない。だが，現実に埋

没しては，物事を変えることはできない。理想を現実のものとするために，無理すれば実現可能であるかもしれない狭い尾根を道筋として選ばなければならない。

「2020年に核をゼロに」あるいは，「先制不使用」から入るべきと考える人達にとって，ICNND報告書は手ぬるく見えるかもしれない。しかし，私達は，2020年に核をゼロにすることは現実的に可能とは考えなかったし，また，「先制不使用政策」は実際に配備・警戒・発射態勢に反映されることにより信頼性が増すと考え，それに先立ってまず「唯一の目的」宣言を提唱した。

山は登るにつれて周りの景色が変わる。高さが変わるにつれ，気がつかなかった頂上へのルートが見える。時間がたつにつれ，技術進歩の結果，違う道が可能になる。三歩登れば，その後の変化は加速されるだろう。

2010年5月には，核不拡散条約の運用検討会議が開催される。2005年の運用検討会議は，議題等に会議日程の2／3を費やした結果，実質的議論もできず，最終文書に合意ができなかった。同じ失敗を2010年に繰り返すことは許されない。失敗すると，ただでさえ危殆に瀕しているNPT体制がますます危うくなる。これが私たちの強い思いであった。ICNND報告書は，国際世論を喚起し，運用検討会議を成功に導くことに貢献しなければならない。行動志向型の報告書であることが，今までの世界の蓄積に新たなものを加え，加速度的変化を招来する鍵であると，私達は考えた。

もう一つの私達の思いは，内容は包括的でなければならないということだった。現在，国際社会においては，様々な観点から核の議論が行われている。核兵器は，そのもたらす惨禍から使えないものであり，また，核が存在している以上，間違って使用されたり，保有の誘惑に駆られたりする国がある。従って，核軍縮・廃絶をしなければならないという議論がある。拡散を防止しなければならないという議論もある。エネルギーの安全保障や温暖化対策の視点からの平和的利用促進の立場もある。核テロ対策の立場もある。核軍縮が進まないのに，拡散防止対策の強化が志向され，平和的利用にたがをはめられつつあるとの批判もある。技術が問題解決に役立つ側面もある。これらの要素は相互に大

きな関連を持ち，従って，包括的に取り扱わなければいけない。

また，私達は核軍縮について，単に，数や能力についての政策を考えるだけではなく，ドクトリン，つまり，「唯一の目的」や「先制不使用」についての考え方も議論すべきであると考え踏み込んだ。

また，オバマ大統領がいみじくも述べたように，「核がゼロになる日は自分達の生きている間は来ないかもしれない」のだから，「行動計画」は，直近の将来，中期段階，最終段階の3段階にわけて，考察・作成されなければならない。中期段階と最終段階の分岐点（最小化ポイント）の定義づけ，NPT 体制内の核兵器国と NPT 非加入の核武装国の関係，核軍縮と不拡散のバランス，不拡散と並び立つ原子力平和利用の在り方，進歩する技術の役割等も議論したいと考えた。

いつ何をすべきか

報告書の内容については，既に明らかにされているので，詳述しないが，以下が概要である。

1. 時間的要素

2025年までを最小化段階，それ以降を廃絶段階とする。廃絶時点は特定しない。最小化段階のうち，2012年までを短期，2025年までを中期とする。

2. 最小化地点における核弾頭総数

米露が各500発，その他の核武装国は保有量を増やさず，削減することを要請し，総数では 2,000 発を超えない。

2025年にこの水準（現在の核弾頭総数と比べると90%の削減となる）を達成すること自体，非常に野心的な目標だが，START 後継条約交渉の早期妥結と前倒し実施の他，更なる削減も求めている点，また，実際的なタイムテーブルを示している点で，野心的と考える。

3. 核ドクトリン

核廃絶のためには核兵器の役割低減が必須。そのため，核政策の理論面に関する議論を重視し，先制不使用とそれに先立つ「唯一の目的」宣言を提案している。

4. 先制不使用と「唯一の目的」

　中期行動計画上の措置として，全核武装国が明確にかつ一致して先制不使用を約束すること，それに先がけて短期目標として「唯一の目標」を宣言することを提言した。同時に，こうした宣言をするとき，核武装国の同盟国であって自ら核兵器を持たない国の安全保障についても，化学兵器・生物兵器を含め受け入れ難い脅威にさらされないという確実な保証を与えられることが重要と考えている。また，この文脈で，化学兵器・生物兵器関連条約の普遍化促進と，条約の遵守確保のために一層効果的な方法の開発が非常に重要であることを指摘した。

これから何をすべきか

　国際委員会は，2回にわたって被爆者の話を聞き，広島では資料館も訪れた。展示物は何回見ても衝撃的であるが，この世にいかなる形ですら残ることを許されなかった多くの人，物が存在することを考えるとき，核兵器は，禁止されるべきであるとの思いを強くする。核兵器は抑止のために必要だと考える多くの政府・国民の存在，また，その考えに根拠を提供している国際政治の現実と将来の核兵器ゼロの世界との間隔は今は大変大きく，その間をつなぐためにやらなければならないことは多い。国際委員会の報告書は詳細にわたってそれらを述べているが，私は特に下記の重要性を強調したい。

　まず，核武装国間での信頼醸成が必要である。核武装国は，最低限，信頼がなければ核軍縮を行わないし，核武装をしようと考える国家も増える。米ロ間のSTARTの後継条約の合意，米中間の信頼醸成のための対話と行動，CTBTの批准と発効，FMCTの交渉開始，検証の枠組み強化，透明性向上など，一つ一つの進展が次なるステップに向けての希望を生む。現実的には，米によるCTBTの批准は当面困難に見えるし，FMCTの交渉開始もパキスタンにブロックされている。しかし，努力を積み重ねるしかない。さらに，中東，南アジア，東アジア等の地域の中での信頼醸成も必要である。ICNNDで行った地域会合では，有識者会合とはいえ，イランとイスラエルが同じテーブルで議論をした。このような積み重ねが意味を持つ。

　核兵器は使うことが許されない兵器であることについての国際的世論を高め，

（英訳）Special Essay〔Yoriko Kawaguchi〕

国際政治を動かす強い力が必要である。オバマ大統領のプラハ演説の影響の大きさからもわかるように，政治家の強いリーダーシップがなければ，核軍縮や不拡散に向けての制度強化は進まない。そのためには，核問題についての教育を世界的に広げていかなければいけない。また，政治と市民社会が手を携えての協働が必要である。

核武装国，非核武装国を問わず，多くの国が，現在，自国の安全を核に依存している。それぞれの地政学的含意において，自国の安全を核なしでどのように守っていくかの議論も各国でもっと行われなければならない。日本においても，この点についての真剣な議論が必要である。日本においては，被爆経験から強い核兵器廃絶に向けての国民世論がある一方で，核廃絶に向けての道程に関する「現実的な」議論が欠落しているといわざるを得ない。冷戦構造をいまだ残している北東アジアに位置する日本の現実を捨象しての一国平和論者と，核廃絶は幻想であるとの現実論者の間の対話が成り立っていないのが現実なのである。

核についての議論は今まで一部の専門家の間でしか行われてこなかった。内容があまりに技術的専門的で，素人が入る余地がなかったのであり，また，核軍縮・不拡散問題と安全保障問題も別々に扱われてきたきらいがある。まして，原子力平和的利用分野の専門家との対話はもっと少ないように見受けられる。

今後，これらテーマの専門家同士，専門家と関心を持つ市民の対話も，もっと深める必要がある。

NPT の運用検討会議まで，2ヶ月足らずである。この会議の成功に向けての，日本や関係国のリーダーシップを強く望んでやまない。

（英訳）Special Essay

Yoriko Kawaguchi, Co-Chair, ICNND

It was upon the initiative of Prime Minister Kevin Rudd of Australia that the Australian and the Japanese governments decided to establish the International Commission on Nuclear Non-proliferation and Disarmament (ICNND) in the summer of 2008. The two former Foreign Ministers, Gareth Evans and I were then appointed Co-chairs of the Commission.

The International Commission consisted of 15 Commissioners and was assisted by many experts and associate research institutes. The 15 consisted of 8 from developed countries and 7 from developing countries with such a variety of backgrounds as former heads of state, politicians, military officers, diplomats, academics and nuclear experts. It included 7 from nuclear-armed states. We, the Co-chairs, tried to balance the composition to reflect as varied views in the world as possible. The success in producing the high quality report is thanks not so much to the balance but exclusively to the personal commitment of every Commissioner to seek the way to bring nuclear non-proliferation, disarmament and peaceful use forward.

After four plenary meetings and four regional meetings with frequent e-mail communications, the Commission successfully produced the report and presented it to Prime Ministers Rudd and Hatoyama last December. I am grateful to the governments of Australia and Japan and the Secretariats for their great support for the work of the Commission.

To be action-oriented and comprehensive

In preparing the report Co-chair Evans and I tried to make it as easy to understand and as action-oriented as possible.

At the outset, I read through the previous reports of this kind such as the Canberra Commission Report and the Tokyo Forum Report. I felt they were both excellent reports in their contents but too much for the "pros" and were hard for the people on the street and many politicians to understand. Our report has to be as qualified as an academic paper but something going beyond that. It would be useless if a commoner gives up reading in the halfway or loses his or her fervor for action because after all it is the action by citizens and politicians that move nuclear disarmament and non-proliferation forward. It is they who can make steady steps forward even though one by one.

Making an action-oriented report means giving up some paths. There are always many paths to the goal in this world even though there is an agreement on an ultimate goal. And every path has legitimate reason behind it. In fact the existence of many paths helps form a synergy among them. By saying, "This is a good way but that is also a good way." you may be able to be inclusive without rejecting anyone. But, you cannot clearly point to a direction for action. Giving up some paths means making enemy of those who are strongly committed to them. Therefore, there are some of those who are highly critical of this report but we thought the report is still meaningful in being an action-oriented one.

Then, what is the criterion for selecting the paths for action? We made it to be "three steps ahead of the existing policy." Not just one step ahead. If it is just a step ahead, it would not be much different from the existing position and it won't be able to bring about any significant change. But, if it goes too far ahead of the existing policy, then, it may face a big resistance and may not get a chance to be implemented.

The ultimate goal in this case is very high. While maintaining a high ideal, the real action has to start from the reality of the international politics. But, if it is buried in the reality, it cannot change anything. In order to make an ideal reality, a narrow path on the ridge has to be chosen, a path that can be achieved if tried with all might.

For those who call for "Zero nukes by 2020", or for those who think we should start from "No First Use", the ICNND Report may appear falling too short. But, we did not think it was possible to reduce nuclear weapons to zero by 2020. We thought "No First Use" gains credibility when it is reflected in actual deployment, alert status or launch readiness. We instead proposed "Sole Purpose" Declaration to precede it.

As you climb a mountain, the scenes around change. As you go higher, you start to see the path to the top that you did not see. As the time passes, technology makes progress and different paths become possible. If you climb three steps, the change thereafter will gain pace.

The next NPT Review Conference is approaching in May this year. The last Review Conference of 2005 failed to agree on a Final Document having spent two thirds of time negotiating the agenda and losing time for substantive discussions. We cannot afford to repeat the same failure. The failure would put the NPT regime to a greater risk, a regime that is already facing serious challenges. This was our strong feeling. The ICNND report has to contribute to making the Review Conference a success by awakening the world to the danger. We thought an action-oriented report could be a key to open the door for accelerated change on the basis of what has been accumulated so far in the world.

Another thought of ours was to make the content of the report a comprehensive one. Today, there are many discussions being made on nuclear issues from all difference view points. Because of the tremendous catastrophe they cause, nuclear weapons are hardly useable weapons. But, in so far as they exist, one day they may be used by mistake, or a country tempted to obtain them. Therefore, the argument goes, the weapons have to be eliminated. There is also an argument that nuclear proliferation has to be stopped. Some argue for energy security, or promotion peaceful use of nuclear energy for the sake of coping with the global warming. Some other argues for measures against nuclear terrorism. There is also a criticism that while nuclear disarmament is not making much progress, attention is given to nuclear non-proliferation tightening the rid over the peaceful use. Technological advance may help solve some of those problems. All these elements relate to each other and thus have to be dealt with in a comprehensive manner.

On nuclear disarmament we dealt not only with policies related to their numbers or capacity but went into the domain of nuclear doctrines, i.e. went into the discussion of such issues as "Sole Purpose" and "No First Use."

President Obama said, "the goal of a world without nuclear weapons will not be reached quickly — perhaps not in his lifetime." Because it is so, the action program has to be thought out and formulated in phases, first an immediate short term, then medium term and last the final phase. How to define the minimization point between the medium phase and the final phase, the relationship between the NPT Nuclear Weapon States and the Nuclear Armed States outside the NPT, the balance between the disarmament and non-proliferation, peaceful use of nuclear energy that is compatible with nuclear non-proliferation, the role of technological advance and so and so. We wanted to discuss all these factors.

When to do what

I do not think I need to describe the contents of the report in detail as it has been published for some time already. Nonetheless, the following is the rough outline of the report;

1. Time factor

The end of the minimization phase should be the year 2025. It will be the elimination phase thereafter. The elimination point is not specified. The minimization phase is divided into the immediate short-term phase until 2012 and the intermediate phase until 2025.

2. Number of warheads at the minimization point

The U.S. and Russia will be each asked to reduce their aggregate holdings to less than 500. The global total, i.e. including all the other nuclear armed states, should be less than 2,000. Achieving this 90% reduction from the current level by 2025 alone is quite a formidable task. It is ambitious enough to ask for front-loading of the START follow-on treaty after its early conclusion and further reductions with practical timetable.

3. Nuclear doctrine

To achieve their elimination, it is essential to reduce the role of nuclear weapons. Thus, the report focused on the theoretical aspects of nuclear policy recommending adoption of "No First Use" and the "Sole Purpose" to precede it.

4. "No First Use" and the "Sole Purpose"

The report recommended that by the minimization point of 2025 "every nuclear-armed state makes a clear and unequivocal "No First Use" commitment and in the preceding short term leading to 2012 declares "Sole Purpose." In making such a declaration, we thought it to be important that those non-nuclear allies of Nuclear Weapon States should be given firm assurances that they will not be exposed to unacceptable risk from other sources, including in particular chemical and biological weapons. In this context, continuing strong efforts should be made to develop more effective ways to secure compliance with the Biological and Toxin Weapons Convention and the Chemical Weapons Convention, and to promote universal adherence to them.

What to do next.

The International Commission heard the testimonies of the Hibakushas, or bomb survivors, twice and visited the Hiroshima Peace Memorial Museum. Seeing the exhibits is shocking every time. It reinforces the feeling that the bomb must be forbidden when I think of those people and things that were not allowed to remain in any form whatsoever, There are a lot of tasks that have to be done, however, to close the wide gap existing today between those who believe that nuclear weapons are still necessary for the purpose of deterrence and the international political reality that gives the base for such theory, and the future world without nuclear weapons. The Commission report laid out the tasks in detail but let me just point to the following.

First, there has to be a confidence building among the nuclear armed states. Nuclear armed states would not start nuclear disarmament without confidence at a minimum and those who seek nuclear weapons might increase. Agreement on the START follow-on treaty between the U.S. and Russia, dialogue and action for confidence-building between the U.S. and China, ratification and entry into force of the CTBT, initiation of an FMCT negotiation, strengthening verification frameworks, increased transparency, progress in each one of these generates the hope for next progress step. In reality, however, the immediate ratification of the CTBT by the U.S. does not seem likely and the start of the FMCT negotiation is blocked by Pakistan. But, we have no other way but to make further efforts. We also need confidence-building in such regions as the Middle East, South Asia and East Asia. In the Middle East regional meeting of the ICNND, even though an expert meeting, we witnessed participation from Iran and Israel at the same table. Repetition of such practice is necessary for the purpose.

We need to raise the world voices that nuclear weapons are the kind of weapons that should be allowed to be used and we need a strong movement to move the international political scene. As the big impact of the Prague speech by President Obama demonstrated, we cannot strengthen the world framework for nuclear disarmament and non-proliferation without strong political leadership. We need to spread education of nuclear issues world-wide. We need collaboration of politics and the civil society.

The nuclear armed states and many of non-nuclear armed states in fact depend on nuclear weapons for their national security. We need to conduct more discussion of the ways to safeguard the national security without depending on nuclear weapons against the background of respective geopolitical circumstances. Japan also needs to conduct serious discussions in this respect. In Japan, while there is a strong national sentiment for nuclear elimination against the background of nuclear bomb past, it is true that there has not been much serious discussion about "realistic" ways leading up to the elimination. In fact, there has not been a meaningful dialogue between the "pacifist isolationists" who disregard the reality around Japan where the legacy of the Cold War still remains, and the "realists" who claim nuclear elimination is just an illusion.

The discussions on nuclear issues so far have been conducted only by a limited number of experts. The discussions were so technical and specialized that there was no room for the laymen to join. Disarmament and non-proliferation issues tended to be dealt with separately from security issues. Experts in the field of peaceful use of nuclear energy seemed to be even further removed.

There is an urgent need to deepen the dialogue between the experts of these issues, and between those experts and the common citizens.

Last of all, I cannot but wish for the strong leadership of Japan and the other countries for the success of the NPT Review Conference which is less than two months away.

(Translated by Ambassador Nobuyasu Abe)

◆コメント

1. ICNND 報告書の提出

阿部信泰（日本軍縮学会副会長）

　核不拡散・核軍縮国際委員会（ICNND）の報告書が昨年12月日豪両国の首相に提出された。報告書には，近く開催される核セキュリティ・サミット，2010年NPT運用検討会議，そして何よりも核兵器を2025年までに最小限化し，その後核廃絶に至るための勧告が収められている。

　目下，ガレス＝エバンスと川口順子の両共同議長がこれらの勧告を世界の指導者に提出するために動き回っている。核軍縮の鍵を握る政治指導者たちを説得できるように国際委員会は実際的で，現実的かつ実現可能な勧告を作成すべく努力した。

　報告書は，核兵器が存在する限り，いつかそれが事故，誤算あるいは意図的に使用されるかもしれず，一旦使用されれば大惨禍となるであろうと力強く訴えている。核兵器国が核軍縮を約束しただけでイランや北朝鮮がすぐに核取得をあきらめると考えるのはナイーブかもしれない。しかし，こうした約束が核

不拡散措置の強化に抵抗する強力な議論の一つの根拠を奪うことになることは間違いない。

　報告書は，また，長崎以来核兵器が使用されていないことは核兵器を使ってはならないという事実上のタブーができつつあり，したがって，核兵器の実際的使用価値は大きく減じていると論じた。であればなぜ，そのような兵器をわざわざ獲得したり，保持し続けようと努力する必要があるのか。報告書が勧告しているように核兵器の役割と意義を低減することは，こうしたタブーをさらに強化し，核兵器取得と維持の意欲を減殺する効果がある。

　国際委員会は，核の廃絶に至る過程が，その間戦略的安定を保ち，何者も誤算をしたりすることがないよう，そして何よりも，核保有国自身が核兵器を削減し廃絶できると安全に感じるよう注意深く進められなければならないと認めている。

　この道程は容易なことではないので，国際委員会は，核保有国間で集中的な戦略対話と研究を行って，この仕事を達成するための現実的・実施可能な計画とアイデアを作成するよう勧告している。これは大変大きな仕事であり，私は，そこでは日本が大きな役割を演ずべきであり，日本軍縮学会も間違いなく重要な役割を演ずるべきものと信じます。

2．履行に向けた国内論議を

川崎　哲（ピースボート共同代表）

　私は，核兵器廃絶国際キャンペーン（ICAN）のティルマン・ラフ氏とともに，ICNND 共同議長の NGO アドバイザーとして，市民社会と委員会の橋渡しを担ってきた。日本の NGO は「ICNND 日本 NGO 連絡会」をつくり共同で提言を行った。

　ICNND 報告書をめぐっては，「2012 年―2025 年―それ以降」という行程表および「2025 年までに 2,000 発」という数値が注目を集めた。世界の NGO は，「この計画では遅すぎる。前倒して実行せよ」と評した。しかし今後は，行程表の出来・不出来だけでなく，計 76 項目にわたる勧告の何をどう履行するか

を具体的に議論すべきだろう。

　まず重要なのは，核の役割の限定である。報告書は「核の価値を否定（delegitimizing）」していくとして，核ドクトリンに関する一連の勧告を出した。

　私はこの委員会に関わり，関係者の生の声に触れることで，日本政府が先制不使用など核の役割限定に対し強い抵抗意識をもっていること，そして，そのような日本が核軍縮の阻害要因として諸外国に理解されているということを実感として学んだ。率直にいって，驚きであった。

　そのような日本の抵抗が背景にありながらも，委員会は，核の役割を核攻撃の抑止に限定する（「唯一の役割」）ことを勧告した。つまり，少なくとも生物・化学・通常兵器に対しては核の役割を否定せよということだ。先制不使用の確立は中長期的課題としつつ，「唯一の役割」の宣言は今すぐの課題だという「仕分け」をすることで，妥協が図られたのだろう。報告書はとりわけ米国に対して，核態勢見直し（NPR）で「唯一の役割」を宣言するよう求めた（勧告52）。実際，NPRをめぐって米政権内では「核の役割」が論争点の一つになっていると報じられてきた。

　報告書の発表を受け岡田外相は，ICNND勧告のなかでも「唯一の役割」政策と消極的安全保証（非核兵器国への核使用の禁止）に「強い関心」を有していると米国のクリントン長官らに書簡で伝えた。同じ内容は翌1月の国会演説と2月の日豪外相共同声明に引き継がれた。外相によるICNND報告の積極活用は評価できる。しかし，これらの表明が「関心を持っている」という範囲にとどまっており，日本政府としての公式の政策はいまだに「生物・化学兵器等にも核が必要」というものであることに留意しなければならない。

　報告書はまた，「核兵器禁止条約」（NWC）を取り上げた。NWCの「作成」は2025年までの課題としたが，現在あるモデル条約案を「発展させる作業」は今すぐ開始すべきとしている（勧告73）。日本政府が今年計画している核軍縮国際会議において，NWCに関する専門家協議を行うことを提案したい。

　このほか原子力の分野では，現在の方法の再処理にとってかわる新技術の必要性を勧告するなど（勧告37），日本の核燃料サイクルの見直しにつながる問題提起が含まれている。

　国会議員，研究者，NGO，メディアなどが集まり，これらの履行を協議するメカニズムをつくるべきである。

研究ノート

North Korea's Military Provocation and International Consensus

Cheon Seongwhun, Ph.D.
(Senior Research Fellow, the Korea Institute for National Unification)

North Korea's Military Provocation in 2009

The Third Long-Range Missile Test

North Korea conducted its third long-range ballistic missile test on April 5, 2009. Although failed to place a satellite on orbit as it claimed to have done so, the test demonstrated that the missile projection capability had been greatly enhanced, compared to the previous two tests. While the first test on August 31, 1998 was a big surprise to the world, the second test on July 4, 2006 which was a debacle triggered international response. The U.N. Security Council took a swift reaction to the second test, adopting resolution 1695 on July 15, 2006. The resolution demands North Korea to "suspend all activities related to its ballistic missile program" and "reestablish its pre-existing commitments to a moratorium on missile testing."

With Pyongyang's first nuclear test on October 9, 2006, the UN Security Council adopted the resolution 1718 five days later, and took harsher measures to the DPRK's missile development. In addition to the resolution 1695, the new resolution demanded North Korea to abandon all existing programs on weapons of mass destruction and ballistic missile *in a complete, verifiable and irreversible manner* [emphasis added] . It also requires all member states to prevent the direct or indirect supply, sale or transfer to the DPRK of major weapon systems, missile systems, and luxury goods.

It is important to note that the two UN resolutions do not distinguish civilian missiles from military ones. They simply put terminal restraint on *all activities related to ballistic missile programs* [emphasis added] . Therefore, it does not matter whether a missile launch is for peaceful or military purposes as North Korean authorities tried to distinguish. As long as it is a ballistic missile, regardless of its range or purpose, any missile launch is in violation of Security Council resolutions. Viewing that Pyongyang secretly developed nuclear weapons under the mask of using atomic energy for peaceful purposes, it is the letter and spirit of the UN resolutions that research and development of any ballistic missile are barred in North Korea.

The Second Nuclear Test

Pyongyang conducted its second nuclear test on the morning of May 25 at Punggye-ri, Kilju in the northeastern part of the country. It has been 2 years and 7 months since its first nuclear test at the same site on October 9, 2006. Just after the test, the North Korea's official Central News Agency confirmed that "the current nuclear test was safely conducted on a new higher level in terms of its explosive power and the technology of its control, and the results of the test helped satisfactorily settle the scientific and technological problems in further increasing the power of nuclear weapons and steadily developing nuclear technology." While South Korea clings on to the non-nuclear policy by abandoning development of nuclear weapons, North Korea's nuclear capability is a critical threat to national security that must be eliminated as a priority. The North's nuclear weapons are an obvious destabilizing factor that can stir up security concerns in Northeast Asia as well.

International Consensus

The following consensus has been built in the international community after the military provocation by North Korea in 2009.

First, the Kim Jong-Il regime regards nukes and long-range delivery means as critical assurances of regime survival and is resolute to complete successful development of them. Nukes and long-range missiles are two military pillars guaranteeing smooth power transition from Kim Jong-Il to his son and open the new era of the *Gang Song Dae Guk* [great powerful nation] in 2012. Mr. Kim would calculate that nukes and missiles would help legitimize his family's authority domestically as well as prevent foreign intervention during the critical succession period.

Second, North Korea will not bargain away nukes and long-range missiles. As long as the leadership regards them as critical for its survival, no matter what incentive or carrots are given, it is not possible to coax Pyongyang to give up these weapons. Of course, North Koreans will hint their willingness to barter nukes and missiles, and come forward to the negotiating table with the United States. Regardless of their rhetoric, however, real purpose would be not to dismantle their weapons but to get American recognition as a *de facto* nuclear-weapon-state like India or Pakistan. North Koreans well understand that once acquiring nukes, no foreign influence could take them away from their hands.

Third, recognizing the all previous efforts to cajole Pyongyang to abandon nukes failed, Washington comes to have a deep sense of reflection. Efforts by the Clinton administration to strike *Yongbyon* nuclear facilities and then to entice the North to halt its weapons program by providing carrots were fruitless. Attempts by the Bush administration to push the regime to collapse and later to try to negotiate away with incentives such as delisting from the terror sponsoring countries were unsuccessful as well. The second nuclear test was, in fact, a turning event in terms of reshaping the Obama administration's approach to North Korea. In press availability with President Sarkozy on June 6, President Obama remarked "in fact, we are not intending to continue a policy of rewarding provocation."

In this context, on June 12, 2009, the Security Council adopted the resolution 1874, which is harsher and more comprehensive than previous ones. For example, the DPRK is banned to export all forms of armaments including conventional arms and WMD, their components and related technologies. It cannot import any armament except small arms and light weapons. Financial transactions and assistance are prohibited that might be diverted to develop WMD and missiles. Individuals and companies that are involved in the development of WMD and missiles are restricted to travel abroad and their funds and other economic resources can be freezed. The resolution also calls upon member states to inspect all cargo and vessels to and from the DPRK if they are suspected to contain prohibited items and not to offer vessels bunkering services, such as provision of fuel or supplies, if they refuse to accept inspections.

Finally, North Korea will maximize nuclear bluffing and threats against South Korea in the future. It has already lifted threat level from "turning Seoul into sea of fire" in the 1990s to "incinerating entire South Korea" today. By ratcheting up tensions and threats, Pyongyang intends to demonstrate Seoul's North Korea policy failed and mobilize public opinion to pressure the Lee Myung-Bak administration to change its current policy to be more accommodating to the North's demands.

研究論文 1

二国間原子力協定に関する米国の新たなアプローチ
―米印協定，米 UAE 協定の意義と限界―

山村　司

(東京大学大学院工学系研究科　原子力国際専攻)

―― キーワード ――

核不拡散，原子力平和利用，米印原子力協定，米 UAE 原子力協定，原子力供給国グループ（NSG）

要　旨

　二国間原子力協定は，米国の核不拡散政策において，原子力平和利用協力が軍事目的，核爆発目的に転用されることを防止するための枠組みとして重要な役割を担い，特に原子力のバックエンドに関する国際秩序の形成に寄与してきた。最近，署名された米印原子力協定，米 UAE 原子力協定は，こうした国際原子力秩序に対する挑戦とも言える動きに米国が対応しようとしたものである。両協定は，核不拡散上，これまで米国が締結してきた原子力協定とは異なる要素を含むものであるが，本論文では，そうした特殊性を同定することを通じて，両協定の核不拡散上の意義，限界を分析し，両協定でとられた核不拡散に関するアプローチを普遍化するための措置について考察した。

1. はじめに

　近年，米国は新たな国との間での原子力平和利用協力に関する二国間協定（以下，「原子力協定」という）締結の動きを活発化させている[1]。しかし，最近

---
[1] トルコとの間の原子力協定（2008 年 6 月 2 日発効），ロシアとの間の原子力協定（2008 年 5 月 6 日署名，未発効），インドとの間の原子力協定（2008 年 10 月 10 日署名，12 月 6 日発効），アラブ首長国連邦（UAE）との間での原子力協定（2009 年 5 月 21 日署名，2009 年 12 月 17 日発効）

署名された原子力協定のうち，インドとの間の協定（以下，「米印原子力協定」という），アラブ首長国連邦（UAE）との間の協定（以下，「米 UAE 原子力協定」という）は，米国がこれまで締結してきた原子力協定とは根本的に異なる要素を含むものである。

米印原子力協力に関しては，核不拡散に関する国際法及び国際制度の観点から包括的に分析し，国際法違反とは言えないまでも核不拡散上，重大な問題が含まれていると結論づける浅田[2]や，本協力がインドを事実上の核兵器国として認めるものである一方，インド側の核軍縮，核不拡散上のコミットメントは現状の追認にすぎないとし，核不拡散及び核軍縮への著しい打撃であるとする黒澤[3]など，核不拡散の観点からは否定的な見方が多い。一方，米 UAE 原子力協力については，フィッツパトリック[4]がイランの核問題との関連で支持する見解を述べる一方，ソコルスキー[5]は，イランに対する制裁への UAE の協力が不十分であることを理由に否定的な見解を示すなど，見方が分かれている。こうした個々の協力についての分析はなされているものの，米印原子力協定と，米 UAE 原子力協定の協定文に焦点をあて，他の 2 国間協定との比較からそれらの特殊性を分析し，共通する課題を見出そうとした論文は今のところ発表されていない。

本稿では，米国の核不拡散政策において原子力協定が担ってきた役割をレビューした上で，米国が，米印原子力協定，米 UAE 原子力協定の締結を必要とした背景を分析するとともに，米国がこれまで締結してきた他の原子力協定との比較から特殊性を同定することを通じて，両協定の核不拡散上の意義，限界を分析し，限界を克服するための課題，すなわち，両協定でとられた核不拡散に関するアプローチの普遍化に向けた措置について考察する。

---

(2) 浅田正彦（2009 年）「米印原子力協力合意と核不拡散体制」『国際立法の最前線』有信堂，251-324 頁

(3) 黒澤満（2006 年）「米印原子力協力合意と核不拡散」『海外事情』第 54 巻第 10 号，2-11 頁

(4) Fitzpatrick Mark 2009. "Drawing a Bright Red Line: Forestalling Nuclear Proliferation in the Middle East" *Arms Control Today*, Vol.39, No.1:10–13

(5) Sokolski Henry 2009. "UAE Nuclear Deal- Atoms for Peace or Bombs for Sneaks"? The Washington Times, July 30, 2009

2. 米国の核不拡散政策における原子力協定の意義，役割

(1) 米国の原子力政策の変遷と原子力協定

米国は1953年12月のアイゼンハワー大統領による「Atoms for Peace」(平和のための原子力) 演説[6]によって，それまでの原子力資機材，技術の独占政策を転換し，国際的な開放に向けて大きな一歩を踏み出したが，この政策を立法化した1954年原子力法 (以下，「原子力法」という) に基づき，原子力平和利用協力，具体的には，原子炉，燃料の供与の枠組みとして締結されたのが原子力協定[7]である。当初，締結された原子力協定には，米国による供給枠内の濃縮ウランの供給保証[8]，米国による直接保障措置の適用[9]等の条項が含まれていた。

1977年に登場したカーター政権は，1974年のインドによる核実験に端を発した核拡散懸念の高まりを背景に，核不拡散を強化する政策，とりわけ，濃縮，再処理といった核兵器に利用可能な核物質の製造に直接つながるような技術について，それが民生利用を目的としたものであっても，その拡散を厳しく制限しようとする政策をとり，原子力協定で認められた規制権を盾に，日本も含め，他の国の核燃料サイクル計画に対し，厳しい態度で臨んだ。1978年に制定された核不拡散法 (NNPA: Nuclear Non-Proliferation Act) は，こうしたカーター政権の政策を体現するものであるが，とりわけ他の国に対して大きな影響を与えたのは，原子力法第123条の原子力協定に関する規定を抜本的に改正する条項である。本条では非核兵器国との原子力協定に盛り込まれるべき9項目の核不拡散上の要件が規定された[10]。9項目の要件は，米国から移転された核物質の濃縮，再処理や形状・内容の変更に関する事前同意など，既に米国が締結していた原子力協定に含まれていた要件もあるが，法律に定める要件として明記されることで，NNPAの制定後に締結，改正される協定は，包括的保障措置の適用，核物質防護措置の適用といった，既存の協定にない要件も含めて，9

---

(6) http://www.iaea.org/About/history_speech.html
(7) アイゼンハワー大統領の演説では，IAEAを通じた核物質の供与が想定されていたが，その後，米国は協力相手国に対し，核物質を含む原子力資機材を直接，供与する方針に転換した。
(8) 例えば，1958年日米原子力協力協定第7条
(9) 例えば，1958年日米原子力協力協定第9条
(10) 核兵器国との原子力協定に関しては，この内7項目のみが適用

要件を満たすことが義務づけられることになった。原子力協定の要件の標準化という意味においても,核不拡散強化に資するものであったと言える。

カーター政権後に登場したレーガン政権は,欧州や日本における再処理については容認する政策を採用し,その政策は,共和党,民主党を問わず,その後の政権に引き継がれている。米国が,日本との原子力協定において与えた再処理や第三国移転に関する包括的事前同意[11]や,EURATOMとの協定において与えた再処理に関する包括的事前同意は,レーガン政権以降の米国の現実的な核不拡散政策を体現するものであり,欧州や日本における核燃料サイクル政策の遂行に長期的な予見可能性を与えるものであった[12]。

(2) 原子力協定の意義,役割
1) 原子力平和利用協力の軍事,核爆発目的での転用の防止――NSG ガイドラインとの関係

米国は多国間の枠組み,二国間の枠組みを駆使して,核不拡散の確保を図ってきた。多国間の枠組みとしては,核兵器不拡散条約(NPT),包括的核実験禁止条約(CTBT)といった条約,原子力供給国グループ(NSG),拡散に対する安全保障構想(PSI)といった法的拘束力を持たない枠組み,国際原子力機関(IAEA)及びその保障措置制度などが挙げられ,その目的とするところも多様である。他方,原子力協定は,他の国への原子力資機材の輸出に際し,その締結が国内法上,求められているものであり,米国による平和目的での原子力資機材の輸出が軍事目的,核爆発目的につながらないよう,規制権を確保することを意図している[13]。従って,目的においては,非核兵器国への原子力資機材,技術の移転に関する供給国間の取決めであるNSG ガイドライン[14]と共通性を有するものであるが,①NSGガイドラインが,供給国が受領国に求めるべき核不拡散上の要件についての供給国間の申し合わせであり,受領国を

---

(11) 予め合意されたプログラムの枠内で行われる再処理,形状・内容の変更や第三国移転に関しては包括的な形で同意を与えるやり方

(12) この趣旨は,例えば,包括的事前同意を与える実施取極めについて規定した日米原子力協定第11条に述べられている。

(13) 原子力技術の提供は,協定がなくてもDOE長官の許可があれば可能(米国原子力法第57条(b) 2)

(14) NSG ガイドラインの目的については,The Nuclear Suppliers Group: Its Origin, Role and Activities http://www.iaea.org/Publications/Documents/Infcircs/2005/infcirc539r3.pdf 参照

直接，規制するものではないのに対し，原子力協定は，供給国が受領国を，法的拘束力をもって直接，規制するものであること，②NSGガイドラインが原子力資機材の輸出の段階で受領国が満たすべき要件を規定するものであるのに対し，原子力協定は，実際に原子力資機材を輸出した後における，協定対象品目に対する受領国の行為（例えば，濃縮，再処理，形状・内容の変更，第三国移転など）に規制を課す点に主眼があること，などの点が異なっている。

NSGに関して，米国は，その設立，ガイドラインの強化に大きな役割を果たしてきたものの，多国間の協議体であるが故に，米国が求める核不拡散要件に関してコンセンサスを得るのは必ずしも容易ではなく，供給国間でコンセンサスを得ることが可能な最小限の要件の合意にとどまらざるを得ないという限界がある[15]。例えば，1978年に制定されたNNPAに規定され，その後，米国が締結する原子力協定に取入れられていった包括的保障措置協定の適用という要件が，NSGで合意されたのは1992年であり，NSGで合意が難しかった事項を二国間の枠組みで先行的に実現したという意義が認められる。なお，NSGは設立当時に較べ，参加国が大幅に増加したことにより，コンセンサスを得ることはますます難しくなっている[16]。

2) 原子力秩序形成への寄与

米国は，NNPAにより，他の国との原子力協力に際して求められる要件を規定することによって，核兵器国，非核兵器国で要件に違いはあるものの，各国との間で締結する協定の定型化を達成する一方，協定上，米国に対して認められた，米国籍の核物質[17]の再処理や第三国移転等に関する事前同意権については，EURATOM，日本等には包括的事前同意を与える一方，それ以外の国に対しては同意自体を与えないというように，政治的判断に基づく柔軟な運用を行ってきた[18]。ウランの供給国であるオーストラリア，カナダもそれぞれの二国間協定を通じて，米国とほぼ同様の政策をとったこともあって，1995

---

(15) NSGの意思決定はコンセンサス方式によるものとされている。以下のNSGのホームページ参照　http://www.nuclearsuppliersgroup.org/Leng/04-activities.htm
(16) 1975年の設立当時は7か国であったが，2009年11月現在，46か国で構成
(17) 米国から移転された燃料，米国から移転された原子炉で照射された燃料等，米国の規制権の対象となる核物質を意味する概念
(18) EURATOM，日本の他，スイスに対して再処理等のための第三国移転に関して包括的事前同意が与えられている。

年に米EURATOM協定が締結された時点において，単純化して言えば，EURATOM及び日本は，再処理及び軽水炉，FBRでのプルトニウム利用を行うことができる一方，それ以外の非核兵器国の取り得るオプションとしては，使用済燃料の直接処分のみという，バックエンドに関するある種の秩序が構築されたと言えるであろう[19]。当然のことながら，この秩序に組み込まれた国は，米国との間で原子力協力を行っている国，あるいは行う可能性がある国であって，独自の原子力資機材の供給体制を築き上げた旧ソ連・東欧圏や，NNPAにより，1980年以降米国が燃料の供給を停止したインドは，こうした秩序の枠外に置かれた。

米国がこのような秩序を構築し得た背景には，米国の圧倒的な原子力資機材供給能力が挙げられる。特に濃縮ウランの供給については，旧ソ連圏を除き，1970年代中頃まで独占していた。こうした米国の濃縮ウランの供給能力の独占は，欧州における濃縮工場の建設によって崩れ，濃縮市場における米国のシェアは徐々に低下していったが，米国が供給した原子炉で使用されたウランや派生したプルトニウムも含め，現在でも保有核物質の大部分が米国の規制下にあることは，原子力資機材の受領国の原子力政策の遂行に制約を与える要因となっている[20]。

3. 2000年以降の既存の国際原子力秩序への挑戦とも言える新たな動向

2000年代に入り，既存の秩序への挑戦とも言うべき，原子力平和利用におけるいくつかの新たな事象が発生している。米国による新たな原子力協定締結は，以下に述べるように，既存の秩序への挑戦に対応する動きと捉えることができる。

まず，最初に挙げられるのは，特に，濃縮，再処理役務の供給国としてのロシアの存在感の増大である。ロシアの濃縮工場の容量のシェアは全世界の40%に達している[21]。また，バックエンドに関しては，ロシアは海外からの使用済燃料の輸入を可能にする法律を2001年に制定することにより，海外からの

---

(19) 米スイス原子力協定では軽水炉におけるプルトニウム利用のみが認められている。
(20) 我が国の場合，米国籍の核物質が占める割合はプルトニウムについて73.3%，濃縮ウランのウラン量について73.0%
(21) Rosatomホームページ参照
http://www.rosatom.ru/en/energy_complex/uranium_enrichment/

使用済燃料の中間貯蔵，再処理への途を開いた[22]。2008年に署名された米露原子力協定[23]は，米露間の原子力資機材の移転の枠組みを規定するものであるとともに，韓国，台湾の原子炉から発生した使用済燃料のロシアでの中間貯蔵，再処理，英仏の再処理工場において日本からの使用済燃料の再処理により回収されたウランのロシアでの再濃縮など，米国籍の燃料のロシアでの再濃縮や再処理を可能にする意義も有している[24]。

二番目として，米国にとってのインドの戦略的パートナーとしての重要性の増大により，米国政府内において，インドとの包括的な協力の拡大には原子力分野での関係の正常化が不可欠であるとの認識が高まったことが挙げられる[25]。先に述べたように，米国はインドに対する濃縮ウランの供給を1980年に停止しており，その後，米印間で原子力に関する協力関係は存在しなかった[26]。米印原子力協力は，従来のようにインドを孤立させる政策を転換し，インドの原子力計画に関与することにより，核不拡散上の影響力を確保するとともに，インドからの核兵器製造能力の更なる拡散の抑止を目的とするものと言える。

三番目として，これまで原子力発電炉が立地していなかった地域における原子力発電導入への関心の高まりが挙げられる。こうした地域としては，中東，東南アジアが挙げられるが，特に中東は，イラン，イスラエルといった国を含む地域であり，後述するように，これまでの原子力協定にない条項を含む，米UAE原子力協定が署名された背景には，再三の国連安保理決議にもかかわらず，濃縮活動を停止しようとしないイランとの対比を明確にする意図が窺える[27]。それとともに，核拡散上の懸念国を含む中東においては，法的に求め

---

(22) 核脅威イニシアティブ（NTI）ホームページ参照
http://www.nti.org/db/nisprofs/russia/reactor/waste/snf.htm
(23) 米露原子力協定は，2008年5月12日，承認のため米国議会に提出されたが，同年9月8日，グルジア問題を理由に取り下げられた。2009年9月現在，未発効
(24) ただし，これらを可能にするためには，米露原子力協定だけでは不十分であり，米韓原子力協定，米台湾原子力協定の下での核物質の第三国移転に関する米国の同意，日露原子力協定（2009年5月12日署名）の発効が必要となる。
(25) Secretary Rice, Opening Remarks before the Senate Foreign Relations Committee, April 5, 2006 http://2001-2009.state.gov/secretary/rm/2006/64136.htm
(26) 1963年に締結された米印原子力協定は1993年に失効
(27) トーシャー国務次官は，2009年7月8日の下院外交委員会の公聴会における声明で，この趣旨を明確に述べている。http://foreignaffairs.house.gov/111/tau070809.pdf

られている要件以上の核不拡散上の要件を課すことが必要との考え方も窺われる[28]。

最後に，従来の原子力国（韓国，台湾）における，主に廃棄物処分の観点からの再処理への関心の高まりが挙げられる。特に韓国においては，原子炉サイトにおける使用済燃料の貯蔵容量が 2016 年には限界を迎えるとされており，2014 年に期限切れを迎える米韓原子力協定の改定においては，これまで米国による同意が得られなかった再処理の取扱いが最大の焦点となろう。

4．米印原子力協定，米 UAE 原子力協定の特殊性

3．で述べた中でも，米印原子力協定及び米 UAE 原子力協定は，原子力法で定める原子力協定の要件を逸脱した協定，あるいは原子力法の要件を超える事項を含む協定である点において，これまで米国が締結してきた他の原子力協定とは大きく異なる。別添に，米印原子力協定，米 UAE 原子力協定と，日米原子力協定，米 EURATOM 原子力協定との比較表を示すが，ここでは，他の協定との比較を通じて同定できた米印原子力協定，米 UAE 原子力協定の特殊性を分析する。

(1) 米印原子力協定

1）経　　緯

2005 年 7 月 18 日，米印両首脳は共同声明において，インドによる核軍縮，核不拡散に関するコミットメントの表明と引き換えに，民生原子力分野での協力の推進に合意した[29]。両国の民生原子力協力の法的枠組みを規定する米印原子力協定は，約 2 年にわたる交渉を経て，2007 年 7 月 27 日に合意に達した[30]。その後，インドのシン政権に閣外協力を行っていた共産党などの反対など，主にインド国内の政治情勢が原因で本協力の進展は停滞したが，2008 年 7 月に共産党に代わる支持勢力の確保に成功したことで進展が図られ，

---

[28] オバマ大統領は 2009 年 5 月 21 日の議会へのメッセージの中で，本協定は，責任ある形で原子力開発を行う中東の国にとってモデルとなる可能性を有するものである旨を述べている。

[29] 米大統領府プレスリリース　Joint Statement Between President George W. Bush and Prime Minister Manmohan Singh
http://georgewbush-whitehouse.archives.gov/news/releases/2005/07/20050718-6.html

[30] 国務省プレスリリース
http://2001-2009.state.gov/r/pa/prs/ps/2007/89552.htm

本協力実現の条件となっていた，インドとIAEA間の保障措置協定のIAEA理事会での承認，NSGにおけるガイドラインの例外扱いに関する合意の後，米印原子力協定は2009年10月10日に署名，12月6日に発効した[31]。

2) 協定の特殊性[32]
(i) 包括的保障措置の適用の免除

本協定においては，米国が非核兵器国との間で締結する他の原子力協定と異なり，包括的保障措置の適用が要件とされておらず，「インド特有の保障措置」の適用が規定されていることが最大の特徴である（第10条第2項）。

NPTに関しては，第4条第2項などから，NPTに非核兵器国として加盟し，核兵器の保有を放棄した国に対する見返りとして原子力平和利用協力を提供するという精神が読み取れる。この考え方を徹底させた場合，非締約国への原子力平和利用協力，すなわち原子力資機材の提供の禁止につながるはずであるが，必ずしもこの趣旨は徹底されていない[33]。実際に第3条第2項では，非締約国に対する原子力資機材の提供も，当該移転の対象となる原子力資機材等に保障措置が適用されることを条件に認められた[34]。米国の原子力法やNSGガイドラインは，NPTの精神を反映させ，原子力資機材，技術の受領国の要件として，包括的保障措置の適用を要求しており，例外的なケースを除いて，包括的保障措置を受けいれていないNPT非締約国への原子力資機材，技術の提供の途を事実上，閉ざした。

米印原子力協定によりインドへの適用が想定されている「インド特有の保障措置」は，インドが自発的に保障措置の適用に供した原子力施設や，他の国から提供された原子力資機材等，インドの原子力活動の一部のみを対象とするものであり，そうした保障措置を前提にインドに対し，原子力資機材の輸出を行

---

(31) Hibbs Mark and Saraf Sunil 2008. "Russia to supply more reactors to India, bringing total to 12" *Nucleonics Week*, December 18, 2008
(32) 米印原子力協力そのものには，以下に述べる以外に，NPT第1条の核兵器国による不拡散義務との関係，軍民分離計画の妥当性，インドが表明した軍縮，核不拡散に関するコミットメントの評価など多くの論点があり得るが，ここでは，協定に関係する論点のみを取り上げる。
(33) 例えば，非締約国に対する原子力資機材の移転を全面的に禁止するという条項も有り得た。
(34) 浅田 P.259

うことは，原子力法が改正された1978年以前の慣行に逆戻りするものである。これは，核不拡散上の後退であるとともに，包括的保障措置の条件化を主導してきた米国の核不拡散政策の信頼性を損ねる面があることは否定できない。

(ii) 核実験実施の場合の取扱い

非核兵器国による核実験の場合の協力の停止，協定の終了，協定対象核物質の返還請求権が明記されている日米原子力協定，米EURATOM原子力協定に対し，米印原子力協定においては，「核実験」には全く言及されておらず，インドが核実験を実施した場合に，米国が協力の停止，協定の終了，協定対象核物質の返還請求権を有することを明示的に示す規定は含まれていない。

米印原子力協定においては，1年前の書面による通知により協定を終了できるが，実際に協定を終了する前の両当事国による協議においては，協力の終了または停止に至る状況を注意深く考慮するとともに，特に，そうした状況が安全保障環境の変化に関する懸念から，あるいは，安全保障に影響を与える他の国による類似の行動に対する反応として，起こったものか否かを勘案すべき旨，規定している（第14条第2項）。この条項は，明示的には述べられていないものの，パキスタン，中国による核実験に触発されて，インドが核実験を行った場合を念頭においた条項であり，核実験に対する明示的な言及がなされなかったのは，核実験に関する制約を受けることに対するインドの国内勢力の懸念に配慮したためと考えられる。

本協定では，他の協定と異なり，協定の終了を求める理由の例として，米印原子力協定違反，保障措置協定違反が挙げられているものの，これらに限定されるものではない。従って理由の如何を問わず，協定を終了することができると解釈でき，当然，インドによる核実験実施の場合も，協議にあたって特別に考慮すべき要素があるものの，協定を終了させる権利に影響を与えるものではない。以上の意味において，一見，インドに有利な規定に見えるが，実際には，米国は他の協定におけるよりも，協定終了に関する広い裁量権を有しており，名を捨てて実をとったという言い方もできよう。

米国は，ヘンリー・ハイド法第106条により，インドが核実験を実施した場合には，インドとの協力を停止する国内法上の義務を負っており，国内法と整合性をとるためには，協定上，明示されていなくても，核実験の場合に協力を停止できる権利を確保しておく必要があった。

(iii) 再処理に関する包括同意

　米印原子力協定では，第6条(iii)において，協定対象核物質の再処理その他の形状・内容の変更に関して包括的事前同意が与えられている。ただし，再処理の権利を行使するためには，インドが，IAEA の保障措置下に置かれ，保障措置の適用対象の核物質専用の新たな再処理施設を建設すること，両国が，インドが新たな施設で再処理その他の形状・内容の変更を実施する取極め[35]，手続きについて合意することの2つが条件とされている。

　米国は，日本や EURATOM に対し，再処理に対する包括的事前同意を与えており，このことは，日本や EURATOM の再処理計画を長期的に承認していることを意味するが，インドが再処理に関する包括的事前同意を得ることにこだわったのは，原子力先進国として同等の取扱いを求めたものと見ることができる。

　従来，軍事目的で使用されてきた既存の再処理施設での再処理を認めるのではなく，民生用の再処理施設の建設を条件としたことは軍民分離の趣旨の徹底という観点からは評価できる。

3) 協定の総合的評価

　インドをあくまでも「非核兵器国」であると位置づける立場からは，非核兵器国との協力のスタンダードとなってきた包括的保障措置適用に例外を設けるものとして，本協力への肯定的評価は生まれないが，インドが事実上の核兵器国であるという現実を前提にした上で，インドを原子力秩序に取り込むためにはどうすれば良いかという観点からは肯定的に評価できる点もある。例えば，上述の核実験や再処理に関し，米国は，インドの立場に配慮しつつ，最低限の核不拡散上の影響力は確保した。例えば，核実験については，協定上，明示的に示されていなくても，インドが核実験を行った場合，米国が国内法上の制約から，協力を停止せざるを得ないことは核実験を抑止する効果を有するし，再処理に関しては，実施取極めの締結を条件とすることにより，新たに建設される再処理施設に適用される保障措置や核物質防護について発言権を確保したと

---

[35] 原子力法第131条においては，再処理については別途，「実施取極め」が必要とされており，同「実施取極め」を指すものと考えられる。

見ることができる。

　ここで問題となるのは，インドに対し，原子炉や燃料を供給することが考えられるフランスやロシア等，あるいは，ウラン資源の供給国であるオーストラリア，カナダ，カザフスタン等が，協力に際し，米国と同様の条件を要求するか否かである。もし，そうでないならば，インドに対し，米国の要件よりも緩やかな核不拡散条件での原子力資機材の供給の途を残すことになる。

(2)　米UAE原子力協定
1)　経　緯

　米国は，2007年から2008年にかけて中東諸国との間で協力覚書を締結するなど，原子力協力の動きを活発化させた。その背景として，中東諸国による原子力発電導入への関心の高まり及びフランス，ロシアによるこれらの国との協力の動きを挙げることができる。

　米UAE原子力協定はブッシュ政権が終了する直前の2009年1月15日に一旦署名されたが，オバマ政権になって内容の見直しが行われ，UAEが濃縮，再処理施設を保有することを明示的に禁止する条項を追加するなど，UAEによる核不拡散のコミットメントを更に強化する形で修正がなされた結果，2009年5月21日に改めて署名が行われた[36]。

2)　協定の特殊性
(i)　濃縮，再処理の禁止

　米UAE原子力協定では，UAEがその領域内で濃縮施設，再処理施設，重水製造施設，プルトニウムを含む燃料の製造施設を保有することや，それ以外の形で，濃縮，再処理やプルトニウム，ウラン233，高濃縮ウラン，照射済核物質の形状・内容の変更に従事することを禁止している（第7条）。原子力法では，米国籍の燃料の濃縮，再処理，形状・内容の変更に関する米国の同意を原子力協定で規定するよう求めているが，第7条は，米国籍でない核物質，即ち，米国以外の国で産出したウランを米国以外で濃縮，加工した燃料も含めて，濃縮，再処理，燃料製造といった行為全般を禁止するものであり，これまでの

---

(36)　国務省プレスリリース
　　　http://2001-2009.state.gov/r/pa/prs/ps/2008/oct/110920.htm
　　　2009年12月17日発効

原子力協定では前例がない条項である[37]。

(ii) 協力にあたっての追加議定書批准の条件化

本協定の合意議事録では，米国からUAEへの原子力資機材，技術の輸出にあたっては，UAEが追加議定書を発効させることが，輸出許可発給の条件であることが規定されている（合意議事録「保障措置」の項）。原子力法で要件とされている包括的保障措置の適用に加えて，追加議定書の発効を実質的な協力の要件とすることは，(i)と同様，これまでに締結された他の原子力協定には前例がない[38]。

米国は，ブッシュ大統領が2004年2月11日に国防大学での演説で発表した包括的な大量破壊兵器の拡散防止政策[39]の一環として表明して以来，追加議定書の締結を原子力資機材，技術の輸出の条件とすることをNSGガイドラインに盛り込むことを提唱しているが，NSGではコンセンサスが得られておらず，本条項は多国間の枠組みでは実現が難しいものを，二国間協定を通じて実現したものと言える。協力の枠組みとしての原子力協定を締結しても，追加議定書を実質的な協力の要件として規定することで，相手国による追加議定書発効への取組みを促す効果が期待される。

(iii) 回収プルトニウムの返還を前提としない，使用済燃料の英仏両国への移転に関する包括的事前同意

本協定の合意議事録（「再移転」の項）においては，米国籍の使用済燃料のUAEからの英仏両国への移転に関し，一定の条件の下に米国の包括的事前同意が与えられている。再処理のための使用済燃料の英仏両国への移転については，日米原子力協定や米スイス原子力協定においても包括的事前同意が与えられているが，これらの協定においては，再処理した後の回収プルトニウムの日本，スイスへの返還についても，一定の要件を満たすことを条件に，米EUR-

---

(37) Nuclear Proliferation Assessment Statement Pursuant to Section 123 a. of the Atomic Energy Act of 1954, as Amended, with Respect to the Proposed Agreement for Cooperation Between the Government of the United States of America and the Government of the United Arab Emirates Concerning Peaceful Uses of Nuclear Energy
(38) 1 bid
(39) President Announces New Measures to Counter the Threat of WMD
http://georgewbush-whitehouse.archives.gov/news/releases/2004/02/20040211-4.html

ATOM協定の下での同意を与えることを米国が約束しているのに対し[40]，本協定においては，回収プルトニウムのUAEへの返還は想定されていない[41]。使用済燃料の中東からの継続的な移転の促進による，核拡散上のリスクの低減を図るとともに[42]，ウラン燃料に較べて軍事転用が容易なMOX燃料の利用はUAEには認めないという米国の意図が窺われる。

(iv) 核拡散上の例外的な事態における特殊核分裂性物質の米国や第三国への移転

合意議事録（「再処理その他の形状・内容の変更，濃縮，貯蔵，処分」の項）では，米国が，核拡散の観点から懸念を惹起する例外的な状況が発生した場合には，特殊核分裂性物質の第三国や米国への移転を求めることができるとされている。本条項は米エジプト原子力協定をモデルとしたものとされるが，中東という地域の特殊事情に鑑み，万一の事態に備えて，核物質を転用，盗取される前に，米国や他の国へ移転させるというオプションを確保しようとしたものと考えられる。

3) 協定の総合的評価

以上述べた点は，ごく一部の協定を除き，これまで米国が締結してきた他の協定には見られない条項であり，核不拡散の観点からは，相手国に対し，最も厳しいコミットメントを要求したものと言えるが，本協定が普遍化，すなわち，今後，締結される二国間原子力協定のモデルと成り得るかについては，以下の点で限界があるものと考えられる。

本協定の背景として注目すべきは，UAEが自らの原子力政策として，自前の濃縮，再処理を放棄する代わりに，他の国からの燃料供給に依存することを明確にしている点であり，UAEが協定で約束した濃縮，再処理の放棄は，既に国内政策として決定した内容を，法的拘束力を有するコミットメントとした

---

(40) 米スイス原子力協定合意議事録（D），日米原子力協定実施取極め第3条(a)(iii)
(41) 本協定第4条において，本協定の下でUAEに移転される特殊核分裂性物質（英仏という第三国経由での移転も含む）は，サンプルや標準資料として使用されるものを除いて低濃縮ウランのみとされている。
(42) Nuclear Proliferation Assessment Statement

ものである[43]。政権の交代等による政策の変更の可能性を排除し得ないことを考えると，協定の中に盛り込むことで法的拘束力を付与することには一定の意義を見出すことができるが，今後，UAE 以外の国が，NPT 上，認められた濃縮，再処理の権利を自ら放棄することが考えにくいことは，燃料供給保証構想に対する非同盟諸国の反発が大きいことが示しており，他の国への適用には限界がある。

また，別の点からの限界として指摘され得るのは，米 UAE 原子力協定に規定されたコミットメントと同様のコミットメントを求められることなしに他の国から燃料の供給を受けることが可能ではないかと考えられることである。例えば，将来的に，UAE が現状の政策を変更し，濃縮，再処理の実施に踏み切ることにより，協定違反を問われ，米国から協定の終了や協定対象核物質等の返還を求められたとしても，米国の関与を経ずに他の国から燃料の供給を受けることが可能であり，しかも，米国と同等の核不拡散上の要件が求められないとすれば，本協定によって得られた米国の影響力には限界が生じることになる。また，追加議定書についても，米国以外の供給国が，それぞれの二国間原子力協定の中で，受領国による追加議定書の批准を原子力資機材の輸出の際の条件として求めないとすれば，UAE は，あえて米国から原子炉，燃料の供給を受けることをせず，代替の供給先として追加議定書の批准を条件として求めない他の供給国を選択することも十分考えられよう。

従って，中東における新規原子力発電導入国との協力に関する米国の政策を示すものとしての意義は認められるが，国際原子力秩序への今後の影響は，限定的であろう。

5．両協定の分析を通して見出した課題

従来，米国は，2.(2) 2) で述べたように，原子力協定の締結，運用を通じて，ある種の国際的な原子力秩序を構築してきた。インドや UAE は，こうした原子力秩序の枠外にあった国であり，これらの国との協定締結は，米国が構築してきた原子力秩序への挑戦とも言うべき動きに米国が個別に対応しようとしたものである。

---

(43) Policy of the United Arab Emirates on the Evaluation and Potential Development of Peaceful Nuclear Energy
http://www.usuae123.com/uae-official-documents.php

個別のアプローチをとること自体は否定されるべきではないが，こうした個別のアプローチは，普遍化，すなわち，他の国への展開が図られることによって，核不拡散上，更に大きな意味を持ち得る。二国間原子力協定は，通常，原子力資機材の供給国，受領国の間で締結されるが，両協定でとられたアプローチの普遍化の可能性を，他の供給国への展開（例えば，フランスとインド，フランスとUAEとの原子力協定への展開）と，他の受領国への展開（例えば，米国とヨルダン，米国とパキスタンとの原子力協定への展開）という，2つの方向性から整理すると以下の通りとなる。

	他の供給国への展開	他の受領国への展開
米印原子力協定	他の国は米印原子力協定よりも核不拡散上，緩い条件で協定を締結する可能性がある（①）。	インド以外の非NPT国への展開は想定されていない（③）。
米UAE原子力協定	他の国は米UAE原子力協定より核不拡散上，緩い条件で協定を締結する可能性がある（②）。	濃縮，再処理の放棄についてはNPT第4条との関係で，他の受領国との展開には限界（④）。

①について言えば，インドによる核実験実施の場合に協力を停止することについては，NSGで合意を得ることができなかったことにより，米国以外の主要供給国が，インドによる核実験の実施の場合に協力を停止することを予見させる根拠はなく，そのことがインドによる核実験を抑止する効果を不十分なものにすることが考えられる[44]。米国は，インドによる再処理の要件として，新たな再処理施設の建設，及び実施取極めの締結を条件として要求しているが，他の供給国が同様の要求を行うとは限らず，その場合，インドが既存の軍民両用の再処理施設で再処理を実施することが許容される可能性があり，軍民分離の趣旨は必ずしも徹底されないことになる。現に，2009年10月21日に条文が明らかになった仏印原子力協定では，核実験実施の場合の協力の停止や新た

---

(44) インドの例外扱いに関するNSGの声明には，核実験実施の場合のインドの例外扱いの停止は含まれていない。INFCIRC734参照。http://www.iaea.org/Publications/infcircs/2008/infcirc734c.pdf

な再処理施設の建設といった条項は含まれていない[45]。

②に関して，NSGの例外扱いに関する決定は，インドに限って行われたものであり，パキスタン，イスラエルといった他のNPT非加盟国への展開は想定されていない。今のところ，こうした国に対してもインドと同様の取扱を求めるような動きは表面化していないが，今後，他のNPT非加盟国への対応を迫られるような事態も将来的には想定される。

③に関して言えば，米国が課した厳しい核不拡散要件を他の主要供給国が採用するとは限らず，UAEが原子力資機材の供給をそうした他の主要供給国に依存した場合，米UAE原子力協定は形骸化する可能性がある。

最後に，④に関して，中東，その他の新規原子力発電導入国に対し，UAEと同様の，濃縮，再処理の放棄という厳しい要件を受け入れるよう求めることは容易ではないものと考えられる。

総じて，現段階では米印原子力協定，米UAE原子力協定のアプローチの，普遍化への途は見通せていないということが言える。

6．普遍化に向けた方策

原子力資機材の移転を通じた原子力協力を行う場合，核不拡散上の措置として受領国にどこまでを要求するかは，各供給国の主権に基づく政策判断によることを考えると，各国がそうした政策判断を完全に多国間の枠組みに委ねることは考えにくく，各国が求める要件を具体化する手段としての二国間の原子力協定というシステムは今後も継続していくであろう。

ただし，各供給国が，全く調整がなされないまま，独自の政策を採用した場合，受領国は，最も規制が少ない国から原子力資機材を購入するという，望ましくない結果を生み出す可能性があり，従って，協定要件のある程度の標準化，共通化は必要である。そうした原子力関連の輸出政策の調整の場としては，既にNSGがあるが，NSGでは，追加議定書締結の供給条件化や機微技術の移転の規制強化について，2004年から議論がなされているにもかかわらず一部の国の反対により合意に達していない。これは，NSGが，参加国を増やしすぎたために機能不全に陥っていることによるものと捉えることができる。

---

(45) 2008年9月30日署名。インド原子力省ホームページ参照。http:www.dae.gov.in/sectt/indofrench.pdf

別添　米国が締結する米印原子力協定，米UAE原子力協定が日米原子力協定，米EURATOM原子力協定と

	米印協定	米UAE協定
署名，発効	2008年10月10日署名，2008年12月6日発効	2009年1月15日署名，その後，見直しが行われ，2009年5月21日に再度，署名，2009年12月17日発効
協定対象品目の核爆発利用の禁止	あらゆる核爆発装置のための利用，あらゆる核爆発装置の研究又は開発のための利用，軍事目的での利用を禁止（第9条）	あらゆる核爆発装置のための利用，あらゆる核爆発装置の研究又は開発のための利用，軍事目的での利用を禁止（第9条）
協定対象品目の再処理	包括同意を付与（ただし，新たな再処理施設の建設，実施取極めの締結が条件）（第6条 iii)）	UAEが領域内で濃縮施設，再処理施設，重水製造施設，プルトニウムを含む燃料の製造施設を保有することや，それ以外の形で，濃縮，再処理，プルトニウム，ウラン233，高濃縮ウラン，照射済核物質の形状・内容の変更に従事することを禁止（第7条）
協定対象品目の濃縮	20％までの濃縮：同意不要（第6条 i)） 20％を超える濃縮：規定なし	
協定対象品目の第3国移転	個別の同意が必要（第7条第2項）	両当事国が合意する場合に移転可能（第5条第2項） 合意議事録により，英仏両国への貯蔵，再処理のための移転に合意（合意議事録「再移転」の項） ただし，回収プルトニウムのUAEへの返還は想定されていない（第4条）
協定の終了，協力の停止の権利，核物質等の返還請求権	1年前の書面による通知をもって協定の終了，協力の停止の権利，核物質等の返還請求権を認めている。（当事者は協定の終了を通知するにあたり，理由を提供することとされており，本協定や保障措置協定の違反は理由として例示されているが，核実験の実施は明示されていない。）（第14条）	本協定（第7条の濃縮，再処理の禁止に関する条項を含む。）に対する違反があった場合，保障措置協定を終了させた場合，同協定に対する重大な違反があった場合，UAEが核実験を行った場合，相手方当事国に対し，協定の終了，協力の停止の権利，核物質等の返還請求権を付与（第13条第1項，第2項）
保障措置	インドにおいては，この協定に基づいて移転された核物質等について，インドとIAEAの間で締結されるインド特有の保障措置協定及び追加議定書（発効した場合）に従った，恒久的な保障措置を適用 米国においては，米国とIAEA間の保障措置協定及び追加議定書（発効した場合）に従った保障措置を適用（第10条第2項，第3項）	UAEにおいては，本協定に基づいて移転された核物質等について，UAEとIAEAとの間の保障措置協定及び追加議定書（発効した場合）を適用 米国においては，本協定に基づいて移転された核物質等について，米国とIAEAとの間の保障措置協定及び追加議定書を適用（第10条） 米国政府の輸出許可の条件として，UAEによる少量議定書の停止，追加議定書の発効を規定（合意議事録「保障措置」の項）
燃料供給保証	米国によるインドに対する燃料供給保証を規定 燃料供給途絶の場合の是正措置に言及（第5条第6項）	協力の範囲の1つとして，UAEに導入される軽水炉用の燃料の信頼できる供給源の確立の推進が挙げられている。（第2条） 移転される核物質の量を決めるにあたり，UAEによる濃縮，再処理の自発的な放棄による制約を考慮に入れることとされている。（第4条第3項）
核拡散上の例外的な事態における措置	規定なし	米国が特殊核分裂性物質の第三国や米国への移転を求めることができる旨を規定（合意議事録「再処理その他の形状・内容の変更，濃縮，貯蔵，処分」の項）
存続期間	40年（その後10年ごとに更新）（第16条）	30年（その後，両当事国が合意する期間だけ更新）（第17条）

原子力協定の内容の比較

較べて異なっている条項のみを抽出（下線部は本文で言及している部分）

日米協定	米EURATOM協定
1987年11月4日署名，1988年7月17日発効	1995年11月7日，1996年3月29日署名，1996年4月12日発効
あらゆる核爆発装置のための利用，あらゆる核爆発装置の研究又は開発のための利用，軍事目的での利用を禁止（第8条第2項）	あらゆる核爆発装置のための利用，あらゆる核爆発装置の研究又は開発のための利用，軍事目的での利用を禁止（第7条第2項）
両当事国の合意により実施可能。実施取極めにより，附属書に掲げる施設で実施する場合に，包括同意を付与（第5条第1項，実施取極め第1条第1項(a)(i)）	附属書Aに，「平和利用原子力計画」を構成するものとして掲載された施設で実施する場合に包括同意を付与（第8条第2項A））
20%未満の濃縮：同意不要（第6条） 20%以上の濃縮：個別同意（第6条）	20%までの濃縮：同意不要（第8条第1項(A)） 20%を超える濃縮：両者が合意する一定の条件に従って実施可能（個別同意）（第8条第1項(A)）
両当事国が合意する場合に移転可能 実施取極めにより，照射済核物質（照射済の高濃縮ウランやウラン233を除く。）の英仏の再処理施設への移転などに対し，包括同意を付与 （第4条，実施取極め第1条第1項(a)(iii)） 再処理により回収されたプルトニウムの返還について，米EURATOM協定の下での同意を与えることを約束（実施取極め第1条第3項(a)(iii)）	合意議事録に規定された手続きに則って移転 供給当事国は移転可能な第三国（核不拡散上の一定の基準を満たすことが条件）のリストを提供。 リストに掲載されていない国への移転は個別のケースごとに決定 （第8条第1項(C)，合意議事録B.2.3）
本協定に対する違反があった場合，保障措置協定を終了させた場合，同協定に対する重大な違反があった場合，核実験を行った場合，相手方当事国に対し，協定の終了，協力の停止の権利，核物質等の返還請求権を付与（第12条第1項） （核実験に関して，日本についてはあらゆる核実験を行うことが要因とされているのに対し，米国については協定対象の核物質等を用いて核実験を実施した場合が要因とされている。）	本協定に対する重大な違反があった場合，保障措置協定を終了，廃止した場合，核爆発を行った場合，相手方当事国に対し，協定の終了，協力の停止の権利，核物質等の返還請求権を付与（第13条A） （核実験に関して，EURATOM及びEURATOMに加盟する非核兵器国についてはあらゆる核実験を行うことが要因とされているのに対し，EURATOM加盟の核兵器国及び米国側については協定対象の核物質等を用いて核実験を実施した場合が対象とされている。）
日本においては，本協定に基づいて移転された核物質等について，日本とIAEAとの間の保障措置協定を適用 米国においては，本協定に基づいて移転された核物質等について，米国とIAEAとの間の保障措置協定並びに当該核物質の実施可能な範囲での代替のため当該核物質の追跡及び計量の為の補助的措置を適用 （第9条第1項）	EURATOMによる保障措置及び以下の協定に従って，IAEAにより適用される保障措置を適用 (a) EURATOM，EURATOM加盟非核兵器国，IAEA間の保障措置協定 (b) EURATOM，英国，IAEA間の協定 (c) EURATOM，フランス，IAEA間の保障措置協定を適用。 米国においては，(d)米国とIAEA間の保障措置協定（1980年12月9日発効）を適用（第6条）
米国は日本に対し，信頼できる燃料供給の保証のために，必要かつ実行可能な措置をとる旨を規定（合意議事録第1条）	規定なし
規定なし	規定なし
30年（その後は6ヶ月前の書面による通告により終了）（第16条）	30年（その後，5年ごとに更新）（第14条）

NSG に代わるものとして，例えば，米国，フランス，ロシア，英国，ドイツ，オランダ，日本，韓国，中国，カナダ，オーストラリア，カザフスタンといった主要原子力供給国が，二国間の原子力協定に盛りこむべき最低限の条項に合意し，ガイドラインとして公表することが考えられる。こうした二国間原子力協力協定のガイドラインは，協定を締結しようとする国を，法的拘束力を伴った形で制約するものではないが，このガイドラインに沿った形で協定が締結されていくことで de facto のスタンダードとして位置づけられることが期待されるものである。

例えば，協力相手国を，(a)原子力発電のみを実施することが想定されている国，(b)日本のように核燃料サイクル活動を実施することが想定される国，(c)インドのような非 NPT 国といったカテゴリーに分類し，①追加議定書を含む保障措置の適用，核物質防護措置の適用など，全ての協定締結相手国との協定に盛り込まれるべき条項，②それぞれのカテゴリーに属する国との協定のみに盛り込まれるべき条項を規定することが考えられる。例えば，(a)の国との協定に関しては，米 UAE 原子力協定に盛り込まれた，燃料の供給保証や回収プルトニウムの返還を伴わない形での使用済燃料の第三国移転に関する包括的事前同意など，(b)の国との協定に関しては，再処理に関する包括的事前同意などが想定される。(c)については，インドだけを対象とした例外措置が合意されたが，パキスタン，イスラエルも含めた非 NPT 国全てに適用されるものとしてガイドラインを整備していくことが必要であろう。

これまでは，受領国が保有する核物質のうち，米国籍の核物質がかなりの割合を有することから，そうした米国籍の核物質を通じて核不拡散上の影響力を行使することが可能であり，米国による独自の政策判断により，バックエンドに関する原子力秩序が形成され，他の国もこれに追随してきた。しかしながら，今後，原子力協定の締結により新たな核不拡散規制を課すことを考えた場合，その普遍性に関しては，米国が供給国としての圧倒的な地位を失ったことによる限界があると言わざるを得ず，上述のようなガイドラインの策定による普遍化は意義あるものと考えられる。また，以上，述べたような方策は，特に新たに原子力を導入する国に対して，二国間協力に関して予見性を与えるという点でも意義があるものと考える。

問題となり得るのは，(a)のカテゴリーに属する国と(b)のカテゴリーに属する国を分ける基準の策定である。具体的な基準の策定にあたっては，地政学的な

考慮（例えば，周辺の安全保障環境に与える影響等）をいかに基準の中に取入れていくかという点が課題となろう。また，こうした，国による区別を設けることには，当然，新規原子力発電導入国による反発が予想されるが，流動性をもたせること，つまり，要件を満たせば，(a)のカテゴリーから(b)のカテゴリーに移ることが可能なシステムにすることで，反発を和らげることも考えられよう。

　もう一つの検討課題は(c)の国に対する協力の要件の設定である。インドとの協力に関するNSGの決定の際にインドが表明した核不拡散上のコミットメントが検討の基礎となり得るが，それに加えて，地政学的要因をいかに扱うかなどが検討課題となろう。

研究論文 2

ジェマ・イスラミヤのテロネットワーク

冨永靖敬

（東京大学公共政策学教育部　修士課程）

キーワード

ジェマ・イスラミヤ，テロリズム，社会ネットワーク分析，バリ島爆破テロ

要　旨

　本研究は，社会ネットワーク分析の手法を用い，ジェマ・イスラミヤのテロ活動の変化を分析することを目的とする。元来のテロネットワーク研究が，通時的研究，あるいは単一事例に留まっていることに鑑み，本稿では，2002年・2005年バリ島爆破テロ事件を事例として比較分析を行う。両事件の背後にあるネットワーク構造，資源ネットワークを明らかにし，その変化がどのように近年のジェマ・イスラミヤによるテロ活動を変化させたのかを分析する。その結果，両テロ事件は，ネットワーク内の構成員が緊密に関係するMulti-channel型と少数のメンバーに集中するHub型という異なるネットワーク構造となり，さらに，2005年テロ事件には，海外からの資金支援が欠如したため，テロ自体の規模が縮小したことを説明する。最後に，本研究から導き得る政策的含意として，テロの土壌となる他の国内武装組織，マドラサ，潜在的ネットワークに対処することを指摘する。

緒　言

　本研究は，ジェマ・イスラミヤ（Jemaah islamiyah：JI）という特定の組織に焦点を当て，JIによるテロ活動がどのように変化してきたのかを分析することを目的とする。JIは，2000年を皮切りに毎年のように国際的な注目を集め

るテロ事件を実行してきた。彼らは，インドネシア独立期に発生したダルル・イスラーム運動（Darul Islam: DI）に端を発するために国内的基盤を持つ一方で，アルカイダやモロ・イスラム解放戦線（Moro Islamic Liberation Front: MILF）[1]との関係から国際的な側面をも有する。この国際的側面は，日本を含む他のアジア諸国，また欧米諸国に多大な脅威を与え，その結果，JI は東南アジアで最もよく知られたテロ組織となった[2]。

JI は，国際・国内両ネットワークによる影響を受けながら絶えず変化してきた組織であったと言っても過言ではない。したがって本研究では，そのようなネットワークに焦点を当て，テロ活動の変化を分析する。つまり，テロ活動に際してどのようなネットワークが利用され，そこからどのような資源を得たのか，さらにネットワークの変化がどのようにテロ活動の変化に繋がったのか。本研究ではこれらの問いに答えることを目的とする。

先行研究

ジェマ・イスラミヤ（Jemaah Islamiyah: JI）とは一体どのような組織なのか。この問いに対する答えは一様ではない[3]。一方には，JI は元々インドネシア

---

(1) モロ・イスラム解放戦線（Moro Islamic Liberation Front）は，それまでフィリピン南部の分離・独立運動を主導していたヌル・ミスアリ率いるモロ民族解放戦線（Moro National Liberation Front）から分派し，1984年3月に正式に発足した組織である。MILF については以下の文献を参照。Rodell,Paul A. 'Separatist insurgency in the southern Philippines', in Andrew T.H. Tan (ed.,), *A Handbook of Terrorism and Insurgency in Southeast Asia,*, Massachusetts, USA.: Edward Elgar Publishing, Inc. 2009, pp.230-231.

(2) Jones, Sidney, 'The changing nature of Jemaah Islamiyah' in *Australian Journal of International Affairs,* Vol.59, No.2, 2005, p.169.

(3) 東南アジアのテロ組織に関しては，Thayer による分類がある。彼は東南アジアに関するテロ研究を大きく，国際的・地域的・国家的アプローチに分類する。国際的・地域的アプローチは，東南アジアのテロ組織が，アルカイダの影響を受け，その支部と化したことを指摘し，一方国家特定的アプローチでは，東南アジアのテロ組織は，自らの目標に沿う形でアルカイダを利用したことを指摘する。筆者は，上記分類対して異論はないものの，この分類に含まれる研究者に関しては Thayer と認識を異にする。特に，Thayer は，Andrew T.H. Tan, Zachary Abuza を地域的アプローチを採用する者と分類するが，筆者が散見する限り，Tan は東南アジア地域のローカルな面を強調しており，また Abuza も，JI はアルカイダの東南アジア支部であることを指摘しているため，同一の分類に整理されるべきではない（Tan,T.H. Andrew, 'Terrorism, Insurgency and Religious Fundamentalism in Southeast Asia' in *Defence Studies*, Vol.8, No.3 (September 2008) . Abuza, Zachary, "Al-Qaeda in Southeast Asia: exploring the Linkage", in Ramakrishna, Kumar and See Seng Tan, (eds.), *After Bali: The Threat of Terrorism*

独立期に発生したダルル・イスラームという国内運動から派生しており，活動の動機はインドネシア国内の政治，経済，社会的不満であると主張する論者がいる(4)(5)。他方，JI がインドネシアの国内運動に起源を有することを認めながらも，JI はアルカイダと思想・目標を共有し，またアルカイダをはじめ他のテロ組織と協働してテロ活動を行うことから，JI をアルカイダの支部であると主張する研究者も存在する(6)。

　実際，両者の主張は JI の二つの側面を言い当てている。S. Jones によれば，JI は対外的・対内的環境の変動に合わせて柔軟に変化してきたのである(7)。したがって明らかにされるべきは，通時的なテロ組織の性質についてではない。活動環境の変化を受けて，JI のテロ活動にどのような変化が生じたのかである。本稿ではそのような活動環境の変化の一つとして，ネットワークに焦点を当て研究を行う。

　国際テロ組織のネットワークに焦点を当てた研究は決して新しいものではない。本稿では，東南アジア地域のテロリズムに限定するが，本分野の研究では主にアルカイダと東南アジア地域の武装組織がどのようにネットワークを構築するに至ったのかという点に議論が集約される。Abuza[8] や Gunaratna[9] は，

---

in Southeast Asia, Singapore: World Scientific Publishing, p.144.）。さらに国家的アプローチに分類された Jones は，必ずしも上記どちらの主張にも与していないというのが筆者の考えであり，本文では，この考えに基づいて分類を行っている。詳細は以下の論文を参照して頂きたい。Thayer, Carlyle A., "New Terrorism in Southeast Asia", in Kingsbury, Damien, ed., *Violence in Between: Conflict and Security in archipelagic Southeast Asia,* Monash University Press, 2005.

(4) Tan, T.H. Andrew, 'Terrorism, Insurgency and Religious Fundamentalism in Southeast Asia' in *Defence Studies,* Vol.8, No.3 (September 2008).

(5) 同様に JI の歴史的視点を指摘する者に河野毅がいる。河野毅「インドネシアのイスラム過激派の現状と将来」，日本比較政治学会編『テロは政治をいかに変えたか――比較政治学的考察――』早稲田大学出版部，2007 年。

(6) Abuza, Zachary, *Political Islam and Violence in Indonesia,* New York: Routledge, 2006, p.57. Gunaratna, Rohan, 'Ideology in Terrorism and Couter Terrorism: Lessons from combating Al Qaeda and Al Jemaah Al Islamiyah in Southeast Asia', in *CSRC discussion paper,* September 2005.

(7) Jones, Sidney, 'The changing nature of Jemaah Islamiyah' *Australian Journal of International Affairs,* 59:2, 2005, p.176.

(8) 例えば以下の文献がある。Abuza, Zachary, "Al-Qaeda in Southeast Asia: exploring the Linkage", in Ramakrishna, Kumar and See Seng Tan, (eds.), *op. cit.*

(9) Gunaratna, Rohan, *Inside Al-Qaeda,* New York: Columbia University Press, 2002. Gu-

本分野を主導してきた代表的な研究者である。その一方で，S. Jones は，現地調査を通じて，東南アジア地域，インドネシア国内に焦点を当てた JI のテロ活動，ネットワークを調査した詳細な報告書を発表している[10]。

このように質的研究が主流を占める一方で，量的な手法を用いて研究を行う者も近年現われている。本分野の研究では，社会学で用いられる社会ネットワーク分析（Social Network Analysis）を利用し，テロリスト相互間の関係を明らかにすることで，テロ活動の実態解明に取り組んでいる。JI 研究で社会ネットワーク分析を用いた代表的な研究者としては，まず Stuart Koschade が挙げられる。Koschade は，2002 年バリ島爆破テロ事件に関与した人物関係をデータ化し，2002 年バリ島爆破テロに至る一定期間において，本テロ事件に関与したメンバー間での接触の有無を調べ，メンバー間の中心的な人物，またネットワークの密度を分析している[11]。

さらに，Justin Magouirk や Scott Atran もネットワークに焦点を当てた研究を発表している[12]。彼らは，マドラサと呼ばれるイスラーム寄宿塾，テロリスト間の血縁関係を対象とし，テロ事件に関与したメンバー，ネットワーク，個々人の背景を特定し，どのような背景を有するメンバーがテロ計画に関与しやすく，またその中で主要な役割を果たすのかを明らかにしている。

両者の研究は，JI 研究においてネットワーク分析を利用した点で先駆的なものであったが，一方でいくつか問題も散見される。例えば，Koschade の研究は，2002 年バリ島テロ事件という単一事例に限られている[13]。単独の事例を分析することは，当該事例の理解を深める意味では重要であるが，対外的・

---

naratna, Rohan, "Understanding Al Qaeda and its network in Southeast Asia" in Ramakrishna, Kumar and See Seng Tan, (eds.), *op. cit.*

(10) S. Jones による ICG レポートは，ICG ホームページで全て閲覧可能である。http://www.crisisgroup.org/home/index.cfm

(11) Koschade, Stuart, 'A Social Network Analysis of Jemaah islamiyah: The Applications to Counterterrorism and Intelligence' in *Studies in Conflict and Terrorism,* 29:6, 2006.

(12) Magouirk, Justin, Atran, Scott and Sageman, Mac, 'Connecting Terrorist Networks' in *Studies in Conflict and Terrorism,* 31:1, 2008. Magouirk, Justin and Atran, Scott, 'Jemaah islamiyah's radical madrassah networks' in *Dynamics of Asymmetric Conflict,* 1:1, 2008. Atran, Scott, Magouirk, Justin and Ginges Jeremy, 'Radical Madrasas in Southeast Asia' in *CTC Sentinel,* 1:3, February 2008. 彼らはテロリストの詳細な個人情報を収集した Global Transnational Terrorism（GTT）というデータベースを作成しているが，現在（2009 年 11 月 26 日）の時点では公表されていない。

(13) Koschade, *op. cit.*, p.572.

対内的環境に応じて変容を遂げてきたJIのテロ活動を把握するためには，複数事例を対象にその変化に注目する必要がある。

一方，Magouirk他の論文では，2002年バリ島テロ事件，2004年オーストラリア大使館爆破テロ事件のネットワークが紹介されている。しかし，Magouirk他論文の主旨は，マドラサとテロ活動への参加の関係にあり，テロ活動自体の分析は薄くならざるをなかった。実際，両テロ事件の分析において，Koschadeほどの分析の厚みは見られない。さらに，Magouirk他論文では，上記二つのネットワークの変化からJI自体の変化を述べているが，変化の原因については触れられていない[14]。

したがって，本稿は，上記先行研究の問題を克服することを目的とし，複数事例を対象として，JIのテロ活動の変化を分析する。さらに，テロ活動の変化の原因を明らかにするため，社会ネットワーク分析という量的手法のみではなく，テロリスト個々人の背景を考慮に入れた定性的分析も行う。

事例選択・研究課題

本稿で対象とする事例は，2002年，2005年と二度に渡ってバリ島で発生したテロ事件である。これまでJIによるテロ計画は，2000年から2005年まで毎年のように実行されてきたが，それらは大きく二つの時期に分けられる。まず，2000年から2002年までのHambali, Samudra, MukhlasなどJI主要メンバーを中心とした時期，そして2003年以降のAzahari, Topが主導した時期である。彼らは思想・目標という点で共通点を持っており，また2002年・2005年と同じバリ島でテロ事件を起こしている。そこで，本研究では，2つの時期に発生した主要なテロ事件である2002年・2005年バリ島爆破テロ事件を事例として扱う。

以上のような事例を対象として，以下の課題に取り組むことを目的とする。まず，テロ活動の基礎となる個々のテロ事件におけるネットワーク構造，資源ネットワークを明らかにし，そのようなネットワークは個々のテロ事件で変化したのか，両事件で違いがあるのであれば，それは何故か。本研究では，これら一連の問いに答えることでJIによる脅威の変化を分析する。

---

(14) Magouirk, Justin, et. al, 'Connecting Terrorist Networks' in *Studies in Conflict and Terrorism,* 31:1, 2008, p.10.

分析手法

　本研究では各国機関による報告書，既存文献，NGOによるレポートなどを主に用いる。特にテロリズム研究では，対象の性質上，生の情報を得ることは困難を極める[15]。そこで本研究では，詳細な現地調査を通じた分析で定評のあるInternational Crisis Group（ICG）の報告書を中心に用いる。もちろん，それのみでは対象の全体像を明らかにすることはできないため，適宜各国機関による報告書，既存文献を利用する。

　その上で本研究では，ネットワーク分析を行うためのプログラムであるUCINET[16]，そしてネットワーク描画で利用されるNetDrawを用いる[17]。まず個々のテロ事件に至る一定期間において，メンバー間で接触があった場合は1，なかった場合は0とすることでメンバー関係をデータ化する。その基準を基にUCINET・Netdrawを用いてデータを作成し，ネットワークを描画する。

　ネットワーク図におけるアクターをノード（node），その間を結ぶ線をライン，各点に接続するラインの数を次数（degree）と称する。それらノード，次数を使用することでネットワーク内のサイズ（Size），密度（Density），中心性（Centrality）を算出でき，個々のテロ事件のネットワーク構造を明らかにすることができる[18]。まず，サイズとはネットワーク内のノードの数で表され，さらにネットワーク内の関係がどの程度密接であるのかを表すのが密度である。密度は当該ネットワーク内で最大可能なライン数を実際のライン数で割った数である。

---

(15)　テロ研究における情報の問題は，河野毅も同様の見解を述べている。河野毅「インドネシアのイスラム過激派の現状と将来」日本比較政治学会編『テロは政治をいかに変えたか──比較政治学的考察』早稲田大学出版部，2007年，175項脚注21参照。

(16)　S. Borgatti, M. Everett, and L. Freeman. *Ucinet for Windows: Software for Social Network Analysis,* Harvard, MA: Analytic Technologies, 2002.

(17)　UCINET，NetDrawの概略，使用方法は以下の文献を参照。安田雪「ネットワーク分析用ソフトウェアUCINET®の使い方」『赤門マネジメント・レビュー』第4巻5号，2005年5月。竹嶋斎，稲水伸行「ネットワーク可視化の技法──NetDrawの使い方」『赤門マネジメント・レビュー』第4巻7号，2005年7月。

(18)　計算式については，以下の文献を参照。Koschade, Stuart, op. cit. 2006. 安田雪『実践ネットワーク分析関係を読み解く理論と技法』新曜社，2006年，79項。Scott, John, *Social Network Analysis,* London: SAGE Publications, 2000.

$$Cc(n_i) = \left[\sum_{j=1}^{g} d(n_i, n_j)\right]^{-1}$$

Lはネットワーク内の次数の総数を，gはノードの総数を表す。

中心性には，いくつかの指標が存在する。まず，あるノードに連結する次数の数によって中心性を表す次数中心性（Degree centrality）。さらに，ネットワーク内のメンバーにどの程度の距離で到達できるのかという近接性を指標とした近接中心性（Closeness centrality）。最後に，ネットワーク内におけるメンバーの媒介者としての役割を示す媒介中心性（Betweenness centrality）である。

次数中心性は，多くのメンバーと直接的な関係を有するメンバーが中心的な人物であることを示している。Wassermanらによる研究では，行為者iの次数をd（ni）とすると，行為者iの次数にもとづく中心性Cd（ni）は，Cd（ni）=d（ni）で表される[19]。しかし，この式では中心性はネットワークのサイズに影響され，個々のネットワーク間での比較ができないため，中心性の比較を行う場合にはCd（ni）をグラフ内の各ノードが持ちうる最大可能な次数（g-1）で除すこととなる[20]。

$$C_B(n_i) = \sum_{j<k} \frac{g_{jk}(n_i)}{g_{jk}}$$

次に近接中心性は，距離の概念を導入し，ネットワーク内のメンバーと近距離で繋がっている人物を中心的な人物とする。例えば，中心のノードから各ノードへ線が広がるハブ型のネットワーク図を考えてみると分かり易い。この時，中心の人物は，すべてのメンバーに対して直接的に接し得るが，他のメンバーは，中心的な人物を経由しなければ他のメンバーへ到達することはできない。その意味で，中心のメンバーが最も近接中心性の値が高くなる[21]。近接中心性は以下の計算式で算出される。

---

(19) 安田，前掲書，79項。
(20) 同上，79項。
(21) ウオウター・デノーイ，アンドレイ・ムルヴァル，ヴラディミール・バタゲーリ（安田雪監訳）『Pajekを活用した社会ネットワーク分析』東京電機大学出版局，2009年，180項。

$$Cc(n_i) = \left[\sum_{j=1}^{g} d(n_i, n_j)\right]^{-1}$$

d（ni, nj）は，ノードiからノードjへのネットワーク上の距離を示している（i≠j）。上記式は，あるノードから，他のノードへの距離の総和の逆数である。次数中心性と同じく，最大可能な次数（g-1）で除すことで標準化できる。

最後に，媒介中心性は，「他の点同士のペア間のすべての測地線おいて，その点が含まれる割合である」[22]。測地線（geodesic）とは，あるノードから他のノードへの最短経路のことである。媒介中心性の値が高いノードは，ネットワーク内において多くのメンバーの間を取り持っているため，ネットワーク内の情報伝達において不可欠な役割を果たす。逆に，特定のノードを媒介せずとも容易に他のノードに到達しうるネットワークには，媒介中心性の値が顕著に高いノードは存在しない。

$$C_B(n_i) = \sum_{j<k} \frac{g_{jk}(n_i)}{g_{jk}}$$

Gjkは，ノードjとkの間の測地線の数であり，Gjk（ni）は，ノードiを含んだ，jとkの間の測地線の数である[23]。さらに，これを他のネットワークと比較するために標準化するには，(g-1)(g-2)/2でCB（ni）を除す必要がある。これは，ノードiを除いた全てのノードの中から二つを選んでできる組み合わせの数である。

以上のように本研究では，社会ネットワーク分析の手法を用いてJIのテロ活動の定量的，視覚的把握を試みる。その上で，各時点で所与とされているネットワーク構造の変化について，既存文献を基に定性的な説明を行う。次章以降では，2002年・2005年個々のバリ島テロ事件の説明を行った上で，上記の手法を用いて比較分析を行う。

1. 2002年バリ島爆破テロ事件[24]

世界的な観光地として著名なバリ島で爆破テロが発生したのは，2002年10

---

(22) 同上，185項。
(23) 安田，前掲書，86項。
(24) データの作成では，2002年2月にHambaliによって開催された会議は，2002年バリ島爆破テロ事件に繋がる重要な会議となったため，データで作成では，本会議を起

月12日であった。本テロ事件では，標的とされたサリ・クラブは粉塵と化し，死者202人，負傷者は350人にも上った[25]。この事件のきっかけとなったのは，シンガポールでのテロ計画の頓挫であった。シンガポールに在駐する大使館や欧米系のショッピングセンターなどを狙ったこのテロ計画では，既に17トンもの爆発物を用意しておきながら，計画の最終段階で逮捕者が出てしまい，計画自体が破綻した[26]。本作戦の責任者であったHambaliは，そのことに激怒し，ハード・ターゲットからソフト・ターゲットへと標的を変更し，新たにテロ活動を継続することとなったのである[27]。

　2002年2月，Hambaliはタイ・バンコクで会議を開催し，シンガポールの失敗に怯むことなくテロ活動を継続することを主張した。また，これまでのテロ活動の首謀者として既にHambaliは各国の警察に手配されているため，作戦のリーダーをMukhlasに託した[28]。しかし，Hambali自身もアルカイダからの資金獲得という重要な役割を担った[29]。今回のテロ事件では，Hambaliを中心としたマンティキⅠ[30]のメンバーが中心になって計画・実行された。主なメンバーは，Hambali, Mukhlas, Imam Samudra, Wan Min bin Wan Mat, Ali Imron, Amrozi, Mubarok, Sarijo, Abdul Ghoni, Idris, Dul Matin, Umar Patek, Azhariであった。Mukhlasが全体の統括，Imam Samudraが現場責任者を担当し，爆弾製造は，専門家であるDulmatinとAzhari

---

点とする。

(25) Conboy, Ken, *The Second Front: Inside Asia's most dangerous network,* Jakarta: Equinox Publication, 2006, p.186.

(26) シンガポールでのテロ計画については，シンガポール政府が発行した以下の文献が詳しい。White Paper, *The Jemaah Islamiyah Arrests and The Threat of Terrorism,* Singapore: Ministry of Home Affairs, 7th January 2003.

(27) 2001年2月，バンコクでHambaliを中心としたメンバーで会議が開かれ，そこで標的を警備が厳しくテロを成功させることが難しいハード・ターゲットからカフェやレストランなどのソフト・ターゲットへ変更することが決められた。*The Bali Confession* Four Corners, Australian Broading Corporation, Sydney, 10 February 2003. (http://www.abc.net.au/4corners/content/2003/20030210_bali_confessions/default.htm 閲覧August 10, 2009).

(28) Neighbour, Sally, In The Shadow of Swords: On the Trail of Terrorism from Afghanistan to Australia, Australia: Harper Collins Publishers, 2004, p.257.

(29) 本会議は，2002年バリ島爆破テロ事件に繋がる重要な会議となったため，UCINETのデータ化では，本会議を起点とし，10月に爆破テロに至るまでの関係を記してある。

(30) シンガポール・マレーシアを担当するJIの地域支部。

が行った。さらに Amrozi は現地での物資調達を担当し，その他のメンバーは，他の役割の補助やテロ実行部隊となった[31]。

(1) 資金源・爆発物

　先にも述べた通り，本テロ事件は JI が起こしたテロ事件の中でも最大であったため，それを補うだけの資金が必要であった。全体の統括を任された Mukhlas は後に，本事件に必要な資金として 30,500 ドルと 200,000 バーツを有していたと述べている[32]。この資金を提供したのは，アルカイダの Khalid Sheikh Mohammad であった[33]。その資金は，JI の会計係であった Wan Min Wan Mat から Mukhlas へと渡り，バリ島爆破テロ事件へと使用されることとなった[34]。

　さらに他の資金源としては，強盗による資金獲得が挙げられる。この強盗を行ったメンバーは，Rauf, Junaedi, Hidayato, Octavia, Arnasan であり，皆 Samudra にリクルートされたメンバーであった。これらのメンバーは，通称 Team Lima と呼ばれ，彼らは，宝石店で5百万ルピアと金2.5キロを奪い，それを換金することで総額4億ルピアを得た。この活動は資金を得る目的よりも，Samudra が育ててきたメンバーに対する度胸試しという側面があったと言われるが[35]，これらの資金を元手に，本テロ活動に必要な物資が購入された。主なものとしては，爆発物，車爆弾で使用したバン，また移動に使用したバイク，事前調査費などである。まず，本テロ事件の物資調達役を担っていた Amrozi は，東ジャワで車爆弾に使用する古い三菱 L-300 を購入した[36]。次に，Surabaya にある Tidar Kimia という薬品店に向かい，爆弾の材料となるポタシウム・クロレイト，アンモニウム，硫黄を購入した。

---

(31) Magouirk, Justin, Atran, Scott and Sageman, Marc, 'Connecting Terrorist Network', *Studies in Conflict and Terrorism,* 3:1, 2008, p.36.
(32) Abuza, Zachary, 'Funding Terrorism in Southeast Asia: The Financial Network of Al Qaeda and Jemaah Islamiyah' *NBR Analysis,* Vol. 14, No. 5, 2003, p.54.
(33) 後に逮捕された Hambali の証言による。Elegant, Simon, 'Terrorist talks' *TIME,* Sunday, October 5, 2003.
(34) *The Bali Confession,* Sydney, 10 February 2003.
(35) Neighbour, *op. cit.*, pp.276-277.
(36) Conboy, *op. cit.*, p.179.

(2) 人　材

本テロ事件では，テロ計画の策定，資金・物資の調達，爆弾の製造などは JI の主要メンバーで行いながら，実行場面では，その他の若者を採用するという方法が取られ，Team Lima がその対象とされた。特に今回のテロ事件では，JI 史上初めて自爆テロを行う計画であったため，そのメンバーを必要としたのである。5人の中のほとんどは結局自爆テロに参加しようとはしなかったが，唯一自爆テロへ志願したのが，Arnasan という人物であった[37]。しかし，今回の計画では，少なくとも二人の自爆テロ志願者が必要であったため，Dulmatin が中部ジャワに住む Feri に声を掛け[38]，その結果，Feri と Arnasan が自爆テロを実行する役割を担うこととなった。

(3) 手　法

バリ島爆破テロ事件での爆弾の性質はポタシウム・クロレイト，硫黄，アンモニウムを用いた爆弾であり，起爆には TNT が使用された。2002年9月25日から10月2日，Abdul Ghoni, Umar Patek, Sarijo は，ポタシウム・クロレイト900キロ，硫黄150キロ，アルミニウム粉末75キロを配合し，1トンを越える車爆弾を作成した[39]。

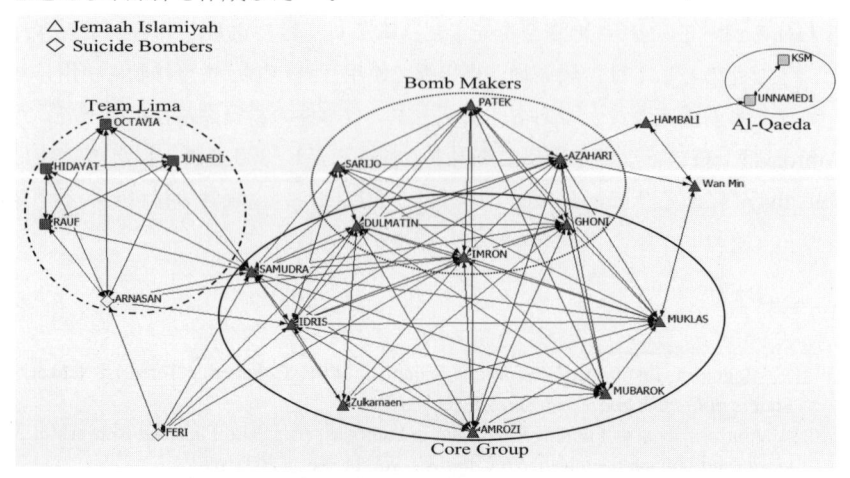

図1　02年バリ島爆破テロ事件　ネットワーク図

---

(37) Conboy, *op. cit.*, pp.180-181. Neighbour, Sally, *op. cit.*, p.283.
(38) Conboy, *op. cit.*, p.181.
(39) *TEMPO,* February 24, 2003, p.18.

また，戦略の面では陽動作戦が用いられた。まず Paddy's Irish Bar で小規模の自爆テロを起こす。その後，その爆弾から逃げ惑う人々が集まったところで大規模な車爆弾を爆破させるというものである。標的の Sari Club はディスコであるため，人が集まる夜を待って計画は実行された。Ali Imron と Idris が，Arnasan と Feri の支援を行い，23 時 07 分，Feri の爆弾が爆発した。計画では，Feri の爆弾が爆発した後，店の客などがサリ・クラブ方面に集まってくるのを待って爆破させる予定であったが，Arnasan は Feri の爆破から約 15 秒後に車爆弾を爆破させたと言われている[40]。

2. 2005 年バリ島爆破テロ事件[41]

　2005 年テロ事件では，Noordin M. Top と Azahari が指揮を執った。2002 年バリ島爆破テロ以降，インドネシア警察とオーストラリア警察の協力により，多くのテロ実行犯が逮捕されるに至ったが，その中で台頭してきたのが Top，Azahari であった。2003・2004 年のテロ事件では，過去の資金や爆発物を使用したテロを行ってきた彼らであるが，その残りも底をつき，本テロ事件では独自に資源を調達する必要性に迫られた。そこで彼らが注目したのは，インドネシアで活動する他の武装組織である DI や KOMPAK であり，その支援を得てテロ活動を継続することであった。また，本事件では個人的なネットワークを通じて，人員，隠れ家などを調達した。

(1) 資金源・爆発物

　本テロ事件における詳細な資金源は明らかではないが，様々なニュースソースを見る限り，アルカイダからの資金支援はない。2004 年にこれまでアルカイダと JI を仲介していた人物が逮捕され，さらに両者を結ぶネットワークを再構築できなかったのが原因と考えられる。それ故，本事件では，メンバー自身によって合法，あるいは非合法の活動によって資金を確保したと見るのが一

---

(40) Conboy, *op. cit.*, p.183.
(41) 本テロ事件の起点は，2004 年 10 月である。Top と Azahari は，2004 年 9 月にオーストラリア大使館爆破テロ事件を起こした後，再び本格的に KOMPAK の Sunata，DI の Akram とネットワークを構築しようと活動を始めた。結果的に，2005 年バリ島テロ事件の直接のメンバーに KOMPAK，DI は参加していないが，テロ事件に至る隠れ家や人員の供与などは 2005 年テロ事件に至る重要な過程であったため，本研究では 2004 年 10 月を起点とする。

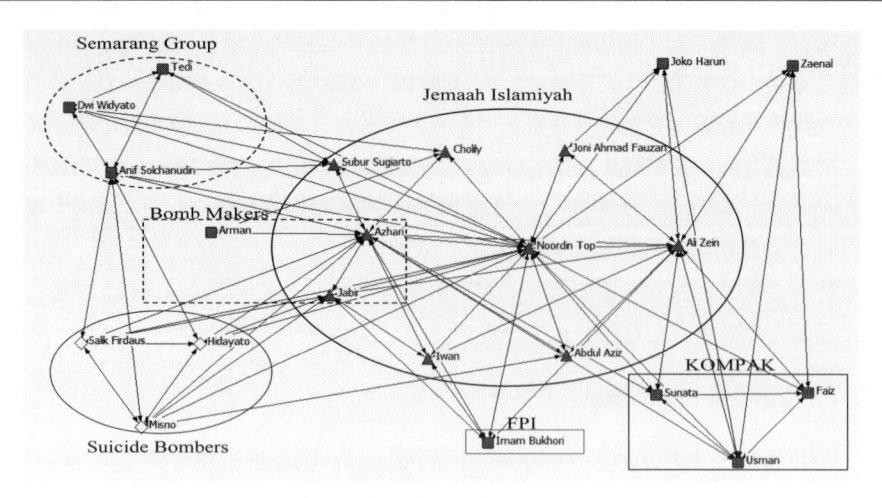

図2　2005年バリ島爆破テロ事件　ネットワーク図

般的である。その活動として示されるのは，携帯電話のカードを販売する仕事であり，それによって一日約 500 ドルを稼いでいたと言われる[42]。

事実，本テロ事件では，Subur Sugiarto が Semarang 地域で活動するメンバーをネットワークに組み込み（ネットワーク図の Semarang group），携帯ショップに押し入ったことが明らかとなっている[43]。一方で，今回使用された爆発物は，これまで使用されたものに比すると小規模なものであり，爆弾一つにつき約 700 ドルと言われ，全体でも 7000 ドル程度のものであったという[44]。

(2) 人　材

先に述べたように Top と Azahari は，JI 以外の組織的支援を得るため，

---

(42) 'Terrosits "selling phone cards"', *The Jakarta Post,* November 22, 2005. Hakim, Zakki, 'Indonesian terrorists running short of money, police chief says', *Associated Press Worldstream,* November 21, 2005. '"Terrosits" selling mobile phone vouchers to raise cash- Indonesian police' , *BBC Monitoring Asia Pacific,* November 22, 2005.

(43) *Terrorism in Indonesia: Noordin's Networks,* Jakarta: International Crisis Group, 5 May 2006, p.18.

(44) Jones, Sidney, "The hardliners are called Thoifah Muqatilah", *TEMPO,* October 24, 2005, p.40. 一方で，2005 年にテロで使用された爆発物をどのように入手したのかは明らかではない。

KOMPAK リーダーの Sunata，DI リーダーの Akram に近づいている。両者は，豊富な戦闘経験を有するメンバーを多く抱え，またフィリピンへの独自のルートを有していた。さらに，ミンダナオにも独自の訓練施設を持ち，武器やその他の資源を豊富に所有していた。したがって，Sunata と Akram から支援を得ることができれば，Top らのテロ活動も十分継続することができると考えたのである[45]。

しかし，必ずしも両者とのネットワークの構築が順調に進展したわけではない。実際，Top と Sunata，Akram との間には目標や手法の点で違いがあった。Top はアルカイダのファトワに影響を受け[46]，欧米を敵とし，無差別テロを行う。しかし，Sunata，Akram はより限定的な目標を有する。Sunata の関心は 1999 年にインドネシアで発生したマルク紛争にあり，Sunata は紛争時，現地ムスリムを支援するために KOMPAK のアンボンオフィスを開設している。したがって，Sunata は欧米を対象とした無差別テロには関心を示していない。一方，Akram は DI のリーダーであることから，その目標はインドネシアにイスラム国家を建設することである[47]。その点で Sunata よりもトプらとは距離が近いが，それでも欧米を標的にし，無差別テロを行う手法を支持してはいない。実際，Top の使者が Akram の使者を訪ねてきた際には活動に関わることを早々に拒否している[48]。したがって，2005 年テロ事件のネットワーク図には，DI を図示していない。

一見すると Top らとは距離があるように思える Sunata は当初，Top・Azahari の支援に対して否かではなかった。この時，Top の使者を務めていた Ali Zein は，マルク紛争での戦闘経験があったため，現地でともに闘っていた KOMPAK メンバーとも交流があった。特に，Ali と Sunata の使者であった Usman は顔見知りであった[49]。両者は異なる目標を有していたが，個人的

---

[45] Terrorism in Indonesia: Noordin's Networks, p.11.
[46] 1998 年 2 月 23 日，ビンラディンはアメリカ，イスラエル，そしてその同盟国に対する戦争を呼びかける声明を発表した。そこでは，世界でムスリムを虐げているアメリカとその同盟国，また市民に対して戦争を仕掛け，殺すことはムスリム一人ひとりの義務であることが説かれている。*Indonesia Backgrounder: Jihad in Central Sulawesi*, Jakarta: International Crisis Group, February 2004, p.3.
[47] Terrorism in Indonesia: Noordin's Networks, pp.11-12.
[48] Ibid., p.17.
[49] Ibid., p.12.

ネットワークから関係を強化していったのである。

　実際，UsamaはTopらのために隠れ家を提供したこともあり[50]，また，SunataはTopに爆発物を提供しようとしたこともあった。マルク紛争で使用されないまま残り，Usmanの友人宅に保有されていたＴＮＴ爆薬を提供する予定だったのである。しかし，その爆薬を渡すはずであった人物が逮捕されてしまい，結局TopとAzahariの手元に届くことはなかった[51]。このようにSunataは，Top・Azahariの活動を支援していたが，2004年11月頃になると，その関係に陰りが見えてきた。実際，UsmanとTopとの間ではしばらく交流は続いたが，最終的にSunataとTopとの会談で正式に支援を行うことを拒否し，それを期にUsmanもTopのもとを去っている[52]。尚，ネットワーク図に記載されているFPIのImam Bukhori, Zaenal, Joni Ahmad Fauzenは，TopやAzahariが居場所を転々とする間に個人的ネットワークを通じて隠れ家を提供した人物である。

　その後，Topは西ジャワに向かい，JIメンバーであるJabirの協力を得て第二次爆破テロ計画に本格的に取り組み始めた。Jabirは，自身が勤めていたマドラサで教えていた時の生徒，Salik Firdausをリクルートし，その友人2人（Misno, Hidayato）を含めた3人を自爆テロ実行者とした[53]。ここには当初Anif Solchanudinという4人目の候補者がいたが，Anifはその戦闘経験から，他のメンバーを指導する人材として必要であると判断され，自爆候補からは外れた[54]。

　本テロ事件においてAzahariとともに爆弾製造を行ったのは，Arman, Jabirであるが，二人はAzahariの下で爆弾製造技術を学んでいた。Armanは，元々JI創設者の一人バアシルの熱狂的支持者であったと言われる[55]。さらにCholilyは，1999年にJIメンバーとなった人物であり，元々Azahariのもとで爆弾技術を学んでいたが，その後Topの使者となっている[56]。また，Semarang groupのDwi WidyartoとTediは，Topが新たなメンバーをリクルート

---

(50)　Ibid., p.16.
(51)　Ibid., p.15.
(52)　Ibid., p.16.
(53)　Ibid., p.17.
(54)　Ibid., p.18.
(55)　Ibid., p.17.
(56)　Ibid., p.17.

するために作っていたビデオの作製に協力した。

(3) 手法

本テロ事件では，バリ島の Kuta と Jimbaran にあるカフェが自爆テロの標的とされた。まず，Jimbaran での爆破テロは，100 メートルほど離れた Nyoman's Café と Menega's Cafe で発生し，その後 Kuta 地域にある Raja cafe が爆破された[57]。本テロ事件は，従来のように破壊力のある車爆弾を爆破させるのではなく，個人で持ち運びのできる小規模な爆弾を三か所で爆破するものであった。いずれの爆弾も規模としては 10 キロ以下と言われているが，個々の爆弾には殺傷力を高めるためにボール・ベアリングが混ぜられていた[58]。現場からは角型の 9 ボルト電池，黒いバックの破片，ケーブル，犯人が身につけていたと思われる衣類などが発見された[59]。

3. 比較分析

2002 年，2005 年バリ島爆破テロ事件は，ともにバリ島という特定の地域を対象としながら，多くの相違点があることが分かる。本章では，UCINET を用いて作成したデータを利用して，ネットワーク構造を明らかにし，さらに量的なデータのみではなく，個々のネットワーク内のメンバーの役割，バックグラウンドを考慮に入れた定性的分析を行う。

(1) ネットワーク構造

表 1 は，2002 年・2005 年のサイズ，次数，密度を表している。両事件ともに，ノードの数は 22 であるが，次数は大きく異なる。その結果，2002 年のテロ事件では密度 38.5％を示し，一方 2005 年テロ事件では，密度 31.5％となり，2005 年に比して 2002 年はネットワーク内のコミュニケーションが緊密であることがわかる。しかし，密度は，ネットワークのサイズに影響される値である

---

(57) *TEMPO,* October 17, 2005, p.21. 'Bali bomb attacks claim 26 lives' *BBC News,* 2 October, 2005 Sunday.
(58) 「爆弾，高い殺傷力高性能火薬・大量の鉄球バリ連続テロ」，朝日新聞朝刊，2005 年 10 月 3 日。
(59) 「電池の一部回収，JI 関与の爆弾と同種バリ島テロ」，朝日新聞朝刊，2005 年 10 月 5 日。

ため，比較の対象としては適当ではない。そこで，ネットワークの構造を明らかにし，それを比較するためには，中心性を分析する必要がある。

表2は，次数中心性，近接中心性，媒介中心性を示している。次数中心性を見ても明らかなように，2002年テロ事件では，Samudraの中心性は81.0と最も高い。これは彼が現場責任となり，またTeam Limaをリクルートする役目を担っていたことに由来する。しかし，その他のコアメンバーも50％前後の値を示していることを考慮すると，2002年テロ事件では互いに緊密なコミュニケーションを取りながら，テロ計画を実行していったことが分かる。

一方で，2005年テロ事件のネットワーク構造は，Top（95.0），Azahari（76.0），Ali Zein（57.0）など一部のメンバーにネットワークが集中し，その他周辺間でのコミュニケーションが希薄である。特に，全ての中心性におけるTopの値の高さは顕著であり，Topが最も多くの次数を有しており，また，多くのメンバーに近距離で接し得る状況にある。さらに，彼を媒介しなければ，ネットワーク内の情報伝達が循環しない。

ここで，ネットワークの構造をより明らかにするために，集中化（Centralization）の概念を導入する。集中化は，単に特定のノードの中心性を明らかにするのではなく，当該ネットワークが構造として，集中化しているのか，それとも分散化しているのかを明らかにする指標である。例えば，ネットワーク内の多くのメンバーが同程度に次数を有している場合，集中化の値は低くなるが，逆に特定のノードが多くの次数を有しているようなネットワークは，集中化の値が高くなる。このような集中化を各テロ事件に関して明らかにしたのが，表3である。これを見ても明らかなように，いずれの集中化の指標をとってみても2005年バリ島爆破テロ事件のネットワーク構造は，2002年のそれに比して顕著に集中化している。これは，先の各中心性の記述で明らかなように，Topを中心とした少数のメンバーにネットワークが集中していることに由来する。

ネットワーク研究では，このように，一部のメンバーにネットワークが集中するネットワークの形態はHub型と言われ，強い統制は行われないまでも，中心的な人物がネットワーク全体を監視・統制することが特徴となっている[60]。

---

(60) Arquilla, John and Ronfeldt, David, "The advent of netwar（Revisited）" in Arquilla, John and Ronfeldt, David, eds., *Networks and netwars: The future of terror, crime, and militancy,* Santa Monica, Calif.: RAND, p.8. Mishal, Shaul and Rosenthal, Maoz, 'Al Qaeda as a Dune Organization: Toward a Typology of Islamic Terrorist Organizations' *Studies in Con-*

実際，2005年テロ事件では，TopとAzahariが中心になってテロ活動を計画・実行した。一方，2002年テロ事件のように，ネットワーク内のコミュニケーションが緊密なものをMultichannel型のネットワークと称する[61]。この型は，ネットワーク内で自由に情報が交わされ，また活動全体の統制の度合いが低いことが特徴となっている[62]。実際，Samudraは，現場責任者に任命されていたが，個々の活動に対して具体的な指示を行うことはなく，基本的には個々のメンバーに任せていた[63]。

　以上のように，2002年・2005年テロ事件では，ネットワーク構造がMulti-channel型からHub型へと変化したわけであるが，この変化は何を意味するのだろうか。2002年テロ事件では，アクター間のネットワーク密度は高いが，それはテロ計画全般に渡ってコミュニケーション密度が高かったということではない。2002年テロ事件では，確かに計画段階では互いに緊密なコミュニケーションを取ったが，いざ実行段階になると，個々に決定された役割に集中していた。例えば，爆弾製造班は，爆弾製造のみに専念し，一切部屋の外には出ていない。つまり，2002年テロ事件では，計画前段階で緊密なコミュニケーションが取られ，互いに自らが何をすべきかを把握していた。さらに，互いに同じ目標を有していることから，わざわざ統制する必要がなかったのである。その結果として，Multi-channel型のネットワークが成立した。

　一方で，2005年テロ事件では異なるネットワーク構造が見られる。2002年テロ事件以降，多くのJIメンバーが逮捕されたことで，Top，Azahariは，もはやJIメンバーのみに依存することは困難となっていた。そのため，個人的ネットワーク，さらに他組織のネットワークを利用することが必要となった。

表1　基本データ

	02年テロ事件	05年テロ事件
サイズ	22	22
次数	89	72
密度	38.5	31.2

---

flict and Terrorism, 28:4, 2005.
(61)　Mishal, *op. cit.*, p.287.
(62)　Neighbour, *op. cit*, chapter21-22.
(63)　Mishal, *op. cit*, p.286.

表2　中心性データ

02年	次数中心性	近接中心性	媒介中心性	05年	次数中心性	近接中心性	媒介中心性
Samudra	81.0	75.0	31.5	Top	95.0	95.5	42.1
Idris	61.9	65.6	3.9	Azahari	76.0	77.8	18.8
Dulmatin	61.9	63.6	1.9	Ali Zein	57.0	70.0	8.2
Imron	61.9	65.6	3.9	Jabir	38.0	61.8	1.4
Mukhlas	57.1	63.6	4.7	Anif Solchanudin	38.0	61.8	2.3
Azahari	57.1	67.7	27.1	Usman	33.0	60.0	1.4
Ghoni	52.4	61.8	0.5	Misno	33.0	60.0	0.7
Patek	52.4	60.0	0.1	Salik Firdaus	29.0	58.3	0.1
Mubarok	47.6	60.0	0.3	Hidayato	29.0	58.3	0.1
Amrozi	47.6	60.0	0.3	Sunata	24.0	56.8	0.2
Arnasan	38.1	51.2	2.9	Imam Bukhori	24.0	56.8	0.0
Sarijo	38.1	56.8	0.0	Iwan	24.0	56.8	0.0
Zulkarnaen	38.1	52.5	0.0	Faiz	24.0	55.3	0.1
Rauf	23.8	47.7	0.0	Subur Sugiarto	24.0	56.8	0.4
Octavia	23.8	47.7	0.0	Dwi Widyato	24.0	56.8	0.7
Hidayat	23.8	47.7	0.0	Zaenal	19.0	53.8	0.0
Junaedi	23.8	47.7	0.0	Joko Harun	19.0	53.8	0.2
Feri	23.8	47.7	0.1	Abdul Aziz	19.0	55.3	0.1
Hambali	14.3	45.7	18.1	Tedi	19.0	53.8	0.0
Wan	14.3	45.7	0.9	Joni A. Fauzen	14.0	52.5	0.0
Unnamed Person	9.5	32.8	9.5	Cholily	14.0	55.3	1.5
KSM	4.8	25.0	0.0	Arman	10.0	46.7	0.0

表3　02年／05年　集中化データ

	集中化（次数中心性）	集中化（近接中心性）	集中化（媒介中心性）
02年テロ事件	44.8	28.0	46.7
05年テロ事件	76.8	40.4	70.5

その場合，2002年テロ事件のように，計画に関与する個人すべてがTop，Azahariと同じ思想・目標を有しているわけではない。そこで，SunataやUsman，さらにその他の人物のようにテロ計画全体への参加ではなく，特定の作業のみ（隠れ家の提供など）を依頼する形態が多くなった。その結果，TopやAzahariを中心として，周辺間でのネットワークが希薄なHub型に落ち着いたものと考えられる。

また，このような受動的な理由に加えて，TopやAzahariら上層部が，Multi-channel型にリスクを見いだし積極的に組織形態を変えていった側面が

指摘できる。すなわち，Multi-channel 型のネットワークは，ネットワーク内の誰もが情報を共有しているために，その中の一人でも逮捕者が出ると，ネットワーク自体が破綻するリスクも高い。一方 Hub 型は，中心的メンバーが捕まらない限り，テロ計画の全容が事前に発覚する恐れが少ない。また周辺の人物が捕まっても，その限定的な役割を代替する人物を見つけることが比較的容易である。このため，何より計画の破綻を避けなければならない彼らにとって，中心メンバー以外が離合集散する Hub 型への動機が生まれるのである。それ故 JI は，自らの資源・資金的制約が厳しくなる中で，テロ計画実現のための合理的なネットワーク形態を模索していった，ということが言える。

(2) テロメンバーの多様化と国内化

　ここまでの分析では，主に社会ネットワーク分析を用いたデータのみからテロ活動の変化を見た。次に，個々のネットワーク内のメンバーの役割，またバックグラウンドを考慮に入れることで，各テロ事件の特徴を抽出し，2002年・2005年バリ島テロ事件を比較する。

　両テロ事件を比較することで明らかとなるのは，メンバーの多様化と国内化である。まず，2002年バリ島爆破テロ事件では，テロ活動の中核グループ，爆弾製造担当班はすべて JI メンバーで構成され，その他のグループと言えば，資金提供があったアルカイダと，Samudra と Dulmatin がリクルートした Team Lima と Feri のみである。実際，Team Lima と Feri も全く関わりのなかった人物を採用したわけではかった。それ以外のテロ活動は，全て JI メンバーが中心になって行われ，文字通り JI によって引き起こされたテロ事件であったと言える。

　しかし，2005年バリ島テロ事件では，そのような構図は当てはまらない。確かに依然としてテロ活動の中枢は，Top，Azahari，Ali Zein など JI メンバーが占めているが，それ以外に 2002年テロ事件では見られなかった多くの他組織や個人が事件に関与している。Sunata や Usman は，KOMPAK という全く異なる組織のメンバーであり，また個人的なネットワークを通じてであるが，インドネシア国内でテロ活動を行う FPI という組織のメンバーも関与している[64]。テロ活動において肝心要となる爆弾製造班は，テロ活動継続の

---

(64) FPI とは，Front Pembela Islam (Front of Defenders of Islam) の略である。FPI

過程でAzahariによってリクルートされたメンバーが関与し，彼らは必ずしも他のJIメンバーとは面識を共有してない。

さらに2005年バリ島爆破テロ事件では，メンバーの国内化が一つの特徴となっている。一つの明らかな違いは，アルカイダという国際テロ組織との関与がなくなったことであるが，それ以上にメンバーの国内化を示すものは，彼らのバックグラウンドである。表3から明らかなように，2002年バリ島爆破テロ事件では，中心メンバーとしてテロ活動に関与したほとんどのメンバーがアフガニスタン戦争に参加した経験を有していた。彼らは，中東との結びつきが強く，それ故にアルカイダからの豊富な資金に支えられてきた。また，ほとんどのメンバーに豊富な戦闘経験があることにより，効率的なテロ計画・実行が行われたと考えることができる。

表4　軍事経験データ

2002年バリ島爆破テロ		2005年バリ島爆破テロ	
Hambali	アフガニスタン戦争	Top	マルク紛争、ミンダナオ
Samudra	アフガニスタン戦争	Azahari	アルカイダキャンプ、ミンダナオ
Mukhlas	アフガニスタン戦争	Ali Zein	マルク紛争
Dulmatin	アフガニスタン戦争	Joko Harun	マルク紛争
Imron	アフガニスタン戦争	Sunata	マルク紛争、ミンダナオ
Zulkarnaen	アフガニスタン戦争	Faiz	マルク紛争
Mubarok	アフガニスタン戦争	Anif Sochanudin	マルク紛争
Ghoni	アフガニスタン戦争	Subur Sugiarto	マルク紛争
Azahari	アルカイダキャンプ、ミンダナオ	Usman	マルク紛争
Patek(注1)	アフガニスタン戦争	Iwan	不明
Sa2rdijo(注2)	アフガニスタン戦争	Jabir	軍事経験なし
Idris	軍事経験なし	Zaenal	不明
Amrozi	軍事経験なし	Abdul Aziz	軍事経験なし
Wan Min(注3)	アルカイダキャンプ、ミンダナオ	ImanBukhori	不明
		Joni Ahmad Fauzen	不明

参考文献：ICG Report, 'Terrorism in Indonesia: Noordin's Networks' 5 May 2006, 'Jemaah Islamiyah in Southeast Asia: Damaged but Still Dangerous' ICG Report, 26 August 2003.【1 Rory Callinaw, 'Inside the Manhunt', **TIME**, Thursday, June 26, 2008. 2 'Man Involved in Bali Bombing Gets life Sentence', **VOA news**, Jakarta, January 29, 2004. 3 Cianflone, Matt, Cull, Jason, Fisher, John, Holt, Dave, Krause, Amanda, Moore, Julie, Wadhwani, Anita and Yancey, Jared, 'Anatomy of a Terrorist Attack: **An In-depth Investigation Into The 2002 Bali, Indonesia, Bombings**', the Matthew B. Ridgway Center, 2007, p.100.】

のリーダであるHabib（Sayyid）Rizieq Shihabは，中東でイスラームを学び，公共の場におけるシャリーアの適用を主張している。さらに，欧米文化が蔓延るバーやクラブなどを襲撃する事件を起こしている。アメリカによるアフガニスタン空爆が開始された際，最も大規模なデモを行ったのもこのFPIであった。Bruinessen, Martin Van, "The Violent Fringes of Indonesia's radical Islam".

しかし，2005年爆破テロ事件に参加したメンバーの中でアフガニスタンに赴いているのはAzahariだけである。実際，Azahariでさえアフガニスタン戦争ではなく，その後開設されたアルカイダの軍事キャンプで訓練を受けたのみである。その他のメンバーは，インドネシア国内で1999年に発生したマルク紛争での経験がある者，または全く戦闘経験がない者であった。

このようなメンバーの国内化は，アルカイダという国際テロ組織とのネットワークを失わせ，彼らのテロ活動そのものにも深刻な影響を及ぼした。両テロ事件での資金総額の差，それによる爆破規模の差を見ればそれは明らかである。先に述べたように，2002年テロ事件では，アルカイダから30,000ドルが提供されている。豊富な資金は，大量の爆発物，爆弾を製造するための部屋，爆弾を運ぶ車，事前調査の費用などを賄うことができ，それが2002年バリ島爆破テロ成功につながった。一方，2005年爆破テロ事件では，使用されたのは一つ製造するのに700ドルほどしかかからない爆弾であった。2005年テロ事件では，三人の自爆テロ実行者がそれぞれTNTを用いた小規模な爆弾をリュックに背負い，人混みの中で自爆することで犠牲者を出した[65]。犠牲者は，自爆テロ実行者を含む23人であり，2002年爆破テロの約10分の1であった。

もちろんこれが単純に資金不足によるものとは断言できないことも確かである。実際，2005年11月，Azahariの死後発見された文書"The Bali Project"[66]は，Azahari自身2002年とは方法を変えるべきであることを述べている。つまり，以前と状況は異なり，今や警備は強化されているため，「爆弾は小さく，容易に持ち運びができるものにする」[67] 必要があった。つまり，2002年の爆弾規模の縮小は，再びバリ島を標的とすることのリスクを考慮した上での結果であった，と指摘することもできる。しかし，テロ活動の規模を左右する資本はあくまで資金力であり，Azahariの指摘は，利用しうる資源を前提として考慮した結果と見ることが妥当であろう。

先に記したように，2005年テロ事件で資金の枯渇を招いたのは，これまで個々のテロ計画に豊富な資金を提供してきたアルカイダからの支援が途絶した

---

(65) Agustina, Widiarsi, Rosyid, Imron, Purnama, Deffan, Hassan, Rofiqi, Sunudyantoro, Wibowo, Kukuh S., "MORE BLOODSHED", *TEMPO*, October 17, 2005, pp.20-21.
(66) Bonner, Raymond, 'The Choreography of a terrorist strike in Bali-Asia-Pacific-International Herald Tribune' *The New York Times*.
(67) Ibid.

ことであった。2005年テロ事件のメンバーは，明らかに国内化しており，そ
れ故に，2004年にアルカイダとJIとを結ぶパイプ役が逮捕された後，再び
ネットワークを構築することができなかった。そのような現状を把握した上で
の最善策として，小規模爆弾を爆破させることを考えたと思われる。

結　語

　本研究は，テロ組織のネットワークに焦点を当て，人的・資源ネットワーク
の変化がどのようにテロ活動を変化させたのかを明らかにするものであった。
2002年テロ事件は，アルカイダからの大量の資金提供を得たために，大規模
なテロ事件を起こし得た点は否定できない事実である。しかし，JIによるテ
ロ活動の生命線をアルカイダの資金に求め，JIは東南アジアにおけるアルカ
イダ支部であると結論づけていては，組織の背後にある様々なネットワークの
存在を見失うことになる。したがって，最後に，両テロ事件の人材供給源とし
て機能したインドネシア国内の他の武装組織，マドラサ，さらに潜在的ネット
ワークに対処することを政策的含意として付言したい。

　まず確認しておくべき事は，アルカイダからの資金が途絶えた後でもテロ事
件は発生した事実である。確かに2002年に比べて2005年テロ事件は，その規
模では大きく縮小したが，それでも100人以上の死傷者を出しことは否定でき
ない事実である。この背後には，国内ネットワークの存在がある。当局に追跡
されないための多くの隠れ家，テロ活動を実施するための人員。国内ネット
ワークはこれら全てを提供することを可能にした。

　インドネシアで暴力を用いるイスラム過激派組織はJIだけではない。2005
年テロ事件でTopやAzahariを支援したKOMPAK，JIの前身であるDIなど，
様々な組織が存在する。さらにインドネシア各地には，暴力的な思想を教える
マドラサが存在する。14,000を超えるマドラサの中でJIと関わりのある学校
はほんの一部であるが[68]，それでも2005年テロ事件で自爆を行ったSalik
Firdausのように，マドラサを通じてリクルートされるメンバーは後を絶たな

---

(68)　それ故に，Bergen & Pandeyが指摘するように，全てのマドラサがテロリスト排出
　　　校として批判されるべきでない。Bergen, P., & Pandey, S. 'The madrassa scapegoat'
　　　Washington Quarterly, 29, 117-125, 2006.

いのも事実である[69][70]。Magouirk and Atran は，JI と関連のある過激なマドラサに通った学生は，そうでない学生よりも JI のテロ活動においてより本質的な役割を果たす確率が高くなることを明らかにしている[71]。

つまり，テロ活動の中心が JI メンバーであるからといって，JI のみに対処しただけでは問題は解決しない[72]。Hub 型のネットワーク構造は，中心的な人物が代替可能な役割を求めながら離合集散する。2005 年テロ事件でネットワークの根拠となったのは，マルク紛争であり，マドラサであった。従って，そのような活動に参加した経験者を特定し，重点的に調査・分析していくこと，さらにインドネシア各地に存在する，暴力の使用を正当化する過激な思想を教えるマドラサを監視・規制することが必要となる。既にテロ行為に身を染めた者と潜在的にテロへと向かう可能性がある者とのネットワークを断つことで，新たなテロ活動の発生を抑制することができる。

潜在的ネットワークの除去という点で注目すべきは，2009 年にジャカルタで発生した爆破テロ事件に至る Top の軌跡である。本事件では，ジャカルタの高級ホテル，J.W. マリオット・ホテルとリッツカールトンホテルが標的とされ，55 人が負傷し，テロリスト 2 人を含む 9 人が死亡した[73]。2005 年バリ島テロ事件以降，平穏を保っていたインドネシアに再びテロ事件が発生したという事実は衝撃的であったが，その一方で，テロ後のインドネシア対テロ特殊部隊の捜査・急襲により，テロ事件の黒幕である Top が死亡したのもまた事実である。いかなるネットワークでも中心的な人物が欠落すれば，テロ計画自体が破綻することは明らかである。その意味で，これまで長期に渡ってテロ事

---

(69) Rulianto, Agung, Aji, Ary H.S. (Cilacap), Ivansyah (Majalengka), "A CHANGE FOR THE WORSE", *TEMPO,* November 28, 2005, pp.16-17.

(70) 実際，ICG レポートが指摘するように，インドネシアには JI アイヴィーリーグとも称されるテロリスト排出名門校があるのは事実である。*Jemaah Islamiyah in Southeast Asia: Damaged but still Dangerous,* Jakarta, International Crisis Group, 26 August 2003, p.26-.

(71) Magouirk, Justin and Atran, Scott, 'Jemaah Islamiyah's radical madrassah networks', *Dynamic of Asymmetric Conflict,* 1:1, 2008, p. 26.

(72) この点については，インドネシア当局担当者も指摘している。Mbai, Ansyaad, "It would be a mistake to only target Jemaah Islamiyah" *TEMPO,* October 17, 2005, pp.38-41.

(73) Jerard, Jolene, Astuti, Fatima and Feisal, Mohamed, *Bombing of JW Marriot and Ritz Carlton, Jakarta,* International Center for Political Violence and Terrorism Research, July 2009.

件を実行してきた Top が排除されたことは，インドネシア，そして標的とされた各国にとって吉報であった。

　しかし，Top の排除が即ちテロの土壌を排除したことにはならない。先にも述べた通り，インドネシアには JI 以外にも様々な武装組織，また過激な思想を共有する者が存在する。近々の課題としては，Top が 2009 年にテロを起こすまでの 4 年間どのような活動を行ってきたのかを明らかにすることであろう。2005 年テロ事件から 2009 年までの間の活動を示す報告書や報道はいくつか示されている[74]。それらを散見する限り，2005 年から殺害されるまでの間に，数々の組織に接触し，自らの代わりに活動を行う過激派組織を形成していった可能性は十分考えられる。Top との接触が過激派を意味するとは言えないが，個々人の行動は，その属性，性格だけでなく，どのような人物と接触するかに大きく影響を受ける。その意味で，Top の軌跡を追い，そのネットワークを明らかにすることは，潜在的テロネットワークを根絶する一つの方法となるだろう。

---

(74) 例えば，以下の文献がある。*Indonesia: Radicalization of the "Palembang Group,* Jakarta: International Crisis Group, 20 May 2009.

書　評

1. Maria Rost Rublee, *Nonproliferation Norms: Why States Choose Nuclear Restraint* (Athens: University of Georgia Press, 2009)

佐藤丙午（拓殖大学）

　本書は著者の博士論文の研究を基にしたものである。著者は，学術研究を政策研究の分野に応用することを視野に入れ，核不拡散条約（NPT）によって具現化された核兵器不保持に関する規範が，各国の外交・安全保障政策だけでなく，国内政治の動態に及ぼすプロセスにも注目している点で，従来の規範研究を補完する意義がある。

　国際社会の「核のタブー」が政策決定に重要な影響を及ぼすとする著者は，社会心理学の手法を用い，国家が核兵器を獲得しない背景には，それぞれの国家の社会環境があると指摘している。著者は，構成主義（Constructivism）の手法を採用し，国家の核兵器を保持しないことに対する安全保障上のリスクの受容度が，説得（persuasion：選好性の変化），社会的適応性（social conformity：基盤となる国家の選考性の変化を伴わない利害損失の最適化），同一化（identification：国際社会の主要な潮流との同化）の三要素の内容に左右されると主張する。

　これまで多くの著作が，国家がなぜ核兵器を獲得するかという命題に取り組むにあたり，国際環境（現実主義やリベラル制度主義を中心とした説明）や国内政治（国家のプレステージや国内政治上の考慮）に注目してきた。この対極にある命題の，国家が核兵器を取得しない理由を説明する上で，多くの分析では，核不拡散条約（NPT）の存在を重視する法律家的な説明や，「核の傘」の信頼性を柱とする現実主義的な説明が重視されてきた。著者の関心は，これら理論が，核兵器取得に関する国家の決定の多様な結末を説明するのが不十分である点にあり，それを補完するために規範（norm）と理想（idea）の関係に注目するのである。著者が使用する理想という言葉には，物理及び非物理的な要素を含む。

　本書では，日本とエジプトの事例研究にそれぞれ1章を充て，リビア，スウェーデン，そしてドイツを1章にまとめ，前後を理論的な説明に費やしてい

る。理論的な説明において著者が重視するのは、それぞれの国家において「核のタブー」に関する規範が、国家の理想とどのように適合するかという点であり、日本の事例研究においては同一化が大きく作用していると分析している。

すなわち、日本は対米関係において、安全保障のみならず政治、経済、そして社会的な関係が深く、米国の期待する国家と同一化することに利益を感じている。したがって、日本はNPTを中心とする核不拡散の規範の推進に熱心な理由は、NPTの普遍化が安全保障上の国益に貢献するだけでなく、著者はそれが、規範の深化に貢献するという自身の国家アイデンティティに適合するためと説明しているのである。著者は、日本やドイツ、そしてスウェーデンを同一化、エジプトとリビアを説得や社会的適応性が作用したとしており、規範と理想の相互作用の展開には一元的な結論はないことを明らかにしている。

著者は終章において、核兵器だけでなく、他の大量破壊兵器の不拡散レジームにも社会心理学的なアプローチが適用可能であるとしている。特に、各国が不拡散の規範を遵守する上で、外部の主体による物質的な賞罰の組み合わせを精緻化しても、大量破壊兵器開発能力を持ち、開発・取得に重大な政治的意思を持つ国には、それら圧力や誘導は必ずしも効果的ではないとする指摘は示唆深い。そこには、国家のインセンティブの再定義の外交・安全保障政策上の役割に注目し、国際関係論における国内政治要素の重要性を再確認したいとする著者の理論的関心が十分に反映していると見るべきである。

しかし本書において、規範が内部化し、その国内政治へのフィードインが期待できない国家の核取得の意思を妨げるために必要な政策についても、理論研究及び政策研究の観点から言及することも必要であったのではないだろうか。ともすればNPTに基づく核兵器不保持の規範を賛美する傾向が強い中、冷静にその限界を見極める視点も必要である。もっとも、本書では、不拡散問題をめぐるパズル（「なぜ国家は核取得に走らないのか」）を解明する理論的説明は十分に行われており、著者の今後の研究の進展を期待したい。

2. Jacques E. C. Hymans, *The Psychology of Nuclear Proliferation: Identity, Emotions, and Foreign Policy* (New York: Cambridge University Press, 2006)

鈴木達治郎（東京大学・原子力委員）

本書は、2006年刊行でやや古いが、上記Rubleeの著書と似たようなテーマ

〔鈴木達治郎〕

であり，その内容も決して時宜性を失われていない，という点から書評の対象として扱うことにした。

著者は，ハーバード大学出身の国際政治学者で，現在南カリフォルニア大学の准教授という若手研究者の一人である。2008-9年にかけて，安倍フェローとして慶應大学にて研究活動もしており，日本の核政策・原子力政策などにも精通している。評者も昨年安倍フェローの公開ワークショップでお会いした。日本の核政策の動向には強い関心をもっておられ，本書の結論でもある国内政治情勢と核政策の関係が変化しつつある現在，民主党政権になってどのように構造変化が起きていくのか，大変興味深い研究を現在も進めていると伺った。

さて，本書は，Rubleeの著書と同様，国家が核兵器保有・非保有（廃棄）を決定する要因分析に焦点が置かれている。そもそもの疑問として，安全保障上の理由だけがその決定要因であると，現在の核拡散状況は説明がつかない。Hyman氏は，そこで別の決定要因として，「国家としてのアイデンティティ，権威」といった「指導者の心理的要因」が大きいとの仮説で過去の事例分析を行っている。具体的には，フランス，オーストラリア，アルゼンチン，そしてインドを分析対象国として，分析を行ったのが本書のエッセンスである。

これらの事例分析から，著者は現在進めようとされている核不拡散・軍縮政策の3つの基本的オプション（国際核不拡散体制の強化，核廃絶，軍事攻撃）は，必ずしも有効ではないと結論づけている。それは，核保有を決定する国は，上記のような政策が部分的に有効であっても，その動機を完全に取り除くことが難しいからだという。代替案として，著者は，強い国家権威主義を核政策に関与させないことが最も効果的である，と提言している。実際には，内政干渉にもなりかねないこの提言は，国際レジームに焦点を当てている現在の核不拡散・軍縮政策にとって，重要な示唆を持つと思われる。これらの事例分析から，筆者は現在進めようとされている核不拡散・軍縮政策の3つの基本的オプション（国際核不拡散体制の強化，核廃絶，軍事攻撃）は，必ずしも有効ではないと結論づけている。それは，核保有を決定する国は，上記のような政策が部分的に有効であっても，その動機を完全に取り除くことが難しいからだという。代替案として，筆者は，強い国家権威主義を核政策に関与させないことが最も効果的である，と提言している。実際には，内政干渉にもなりかねないこの提言は，国際レジームに焦点を当てている現在の核不拡散・軍縮政策にとって，重要な示唆を持つと思われる。

日本軍縮学会だより

◇日本軍縮学会設立総会・記念シンポジウム

日時：2009年4月11日（土）午後1時30分から4時
場所：学術総合センター（東京都千代田区一ツ橋2-1-2）

1　設立総会
2　あいさつ
3　設立総会記念シンポジム「核軍縮・核不拡散の課題と展望」
司会　　　　阿部信泰（日本国際問題研究所軍縮・不拡散促進センター所長）
パネリスト　明石　康（元国際連合軍縮問題担当事務次長）
　　　　　　浅田正彦（京都大学大学院法学研究科教授）
　　　　　　川口順子（参議院議員／核不拡散・核軍縮に関する国際委員会共同
　　　　　　　　　　議長）
　　　　　　中村桂子（特定非営利活動法人ピースデポ事務局長）

◇2009年度　日本軍縮学会研究大会

日時：2009年8月29日（土）10：00-20：00
場所：一橋大学マーキュリータワー　〒186-8601　東京都国立市中2-1

10：00-10：30　　受付
10：30-12：00　　部会1　「軍縮と検証」
　報告：倉田秀也（防衛大学校）「北朝鮮の核廃棄における検証問題」
　　　　一政祐行（日本国際問題研究所軍縮・不拡散促進センター）
　　　　　　　　「核軍縮と検証：CTBTを事例として」
　討論：菊池昌廣（核物質管理センター）
　司会：浅田正彦（京都大学）
12：00-13：00　　昼食・理事会
13：15-13：45　　総会
13：45-15：15　　部会2　「軍縮研究のフロンティア」
　報告：福島康仁（防衛研究所）「核共有問題をめぐる米欧関係」
　　　　勝田忠広（明治大学）「核の国際管理構想と北東アジア」

佐藤史郎（龍谷大学）「核先制不使用の問題について」
　討論：石川　卓（防衛大学校）
　司会：水本和実（広島市立大学広島平和研究所）
15：30-18：00　　国際シンポジウム
　"How to Create a Momentum for the Success of 2010 NPT Review Conference"
　（使用言語：英語）
　司会：石栗　勉（京都外国語大学）
　パネリスト：Susan Burk (Ambassador, Special Representative of the President for Nuclear Non-Proliferation, USA)
　　　　　　　Libran N. Cabactulan (President-elect of the 2010 Review Conference, Ambassador of the Republic of Philippines to the United Arab Emirates)
　須田明夫（軍縮会議日本政府代表部大使）
　鈴木達治郎（東京大学公共政策大学院）

◇日本軍縮学会（Japan Association of Disarmament Studies）設立趣意書

2009年1月20日

　国際の平和と安全保障を維持し強化するための重要な手段の一つが軍縮である。国際社会においては長きにわたり軍縮の重要性が主張されてきたが、各国の軍備増強を阻止することができなかった。核兵器の出現とともに人類絶滅の危険を意識しつつも、軍縮は遅々として進んでいない。
　冷戦後の世界においても、核兵器の拡散が進み、核兵器の使用の危険性の高まりが危惧されている。他方、通常兵器に関しては、対人地雷やクラスター弾で成果が見られるが、全体としては課題を残している。
　このような状況の下では、日本において軍縮に関する研究および討論を一層進め、軍縮の具体的な成果をより多くかつより早く達成するために、関係者一同が集結することが不可欠となっている。
　軍縮問題の進展のためには、核兵器をはじめとし、化学兵器や生物兵器を含む大量破壊兵器およびミサイルのみならず、対人地雷、クラスター弾、劣化ウラン弾、その他の通常兵器などあらゆるものを対象に含むべきであるし、また研究者のみならず、個人として参加する政治家、政府関係者、NGO、産業界、ジャーナリストなどあらゆる関心のある人々を含めて広く議論すべきである。
　以上の理由により、今や、日本軍縮学会を設立するのは時宜にかなったことと考える。その目的は、軍縮に関する諸問題の研究および討論、それらに関連する活動を行うことであり、少なくとも年1回研究大会を開催し、そのほか随時軍縮に関する講演会や資料の配布、機関誌その他の印刷物の発行、タスクフォースによる政策

提言など，軍縮の進展に向けた活動を行うことである。

設立準備委員会
　　黒澤　　満（大阪女学院大学教授）
　　阿部　信泰（日本国際問題研究所軍縮・不拡散促進センター所長）
　　秋山　信将（一橋大学大学院法学研究科准教授）
　　浅田　正彦（京都大学大学院法学研究科教授）
　　石栗　　勉（京都外国語大学教授）
　　梅林　宏道（ＮＰＯ法人ピースデポ特別顧問）
　　鈴木達治郎（東京大学公共政策大学院客員教授）
　　戸崎　洋史（日本国際問題研究所軍縮・不拡散促進センター主任研究員）
　　水本　和実（広島市立大学広島平和研究所准教授）
　　目加田説子（中央大学総合政策学部教授）
　　吉田　文彦（朝日新聞論説委員）

―――― 日本軍縮学会規約 ――――

Ⅰ　総　則
第1条（名称）　本学会の名称は，日本軍縮学会（Japan Association of Disarmament Studies）とする。
第2条（目的）　本学会は，軍縮問題の研究とその成果の公表及び普及を目的とする。
第3条（活動）　本学会は，前条の目的を達成するため以下の活動を行う。
　(1)　研究会及び講演会等の開催
　(2)　機関誌など研究成果の刊行
　(3)　内外の学会及び関連諸機関との交流
　(4)　その他，本学会の目的を達成するために必要かつ適切と思われる諸活動
Ⅱ　会　員
第4条（入会）　本学会への入会は，理事を含む2名の推薦に基づき，理事会の承認を得なければならない。
第5条（会員の権利）　会員は，本学会の刊行物の配布を受け，本学会の総会，研究会及び講演会等に参加することができる。
第6条（会費）　会員は所定の会費を納める。2年以上にわたって会費を納めない者は，理事会の議を経て会員たる資格を失う。
Ⅲ　総　会
第7条（総会）　通常総会は毎年1回，臨時総会は必要に応じて，理事会の議を経て会長が招集する。

第8条（議決）　本規約に別段の定めがない限り，総会の議決は出席会員の過半数による。

Ⅳ　理事会

第9条（理事及び監事）　本学会に，理事若干名及び監事2名を置く。

第10条（理事及び監事の選出と任期）　理事及び監事は総会において選出される。理事及び監事は理事会を構成し，学会の事務を管掌する。理事及び監事の任期は2年とし，再選は妨げない。但し，政府職員及び国会議員は理事になることはできない。

第11条（定足数と議決）　理事会の定足数は過半数とし，その議決は出席者の過半数による。

第12条（会長）　会長は理事の中から互選される。会長は本学会を代表し，その業務を統括する。会長の任期は2年とする。

第13条（副会長）　会長は副会長2名以内を指名する。副会長は会長を補佐し，かつ会長が職務を執行できない場合には，会長の職務を代行する。副会長の任期は2年とする。

第14条（役員）　会長は理事の中から役員を指名する。

Ⅴ　事　務

第15条（事務局）　本学会の事務局は，理事会の決定する場所に置く。

第16条（会計年度）　本学会の会計年度は，毎年4月1日に始まり，翌年3月31日に終わる。

第17条（改正）　規約の改正は，総会において出席会員の3分の2以上の同意による。

付　則
1．この規約は2009年4月11日より実施する。

――――― 日本軍縮学会規約細則 ―――――

第1条　会員の種類と年会費は以下の通りとする。
　　1　一般会員　3000円
　　2　学生会員　1000円
第2条　役員は以下の通りとする。
　　1　総務担当
　　2　企画・運営担当
　　3　編集担当
第3条　学会の事務局は以下に置く。

540-0004　大阪市中央区玉造 2-26-54
　　　　　大阪女学院大学黒澤研究室
　　　　　E-mail: disarmament@oct.zaq.ne.jp
　　　　　HP: http://www.wilmina.ac.jp/ojc/disarmament/index.html
付　則
1．この細則は 2009 年 4 月 11 日より実施する。

◇日本軍縮学会役員名簿（2009 年 4 月 11 日－ 2011 年 3 月 31 日）

会　長	黒澤　満	大阪女学院大学大学院教授	
副会長	阿部信泰	日本国際問題研究所　軍縮・不拡散促進センター所長	
理　事	秋山信将	一橋大学大学院法学研究科准教授	
	浅田正彦	京都大学大学院法学研究科教授	
	石栗　勉	京都外国語大学教授	
	鈴木達治郎	東京大学公共政策大学院客員教授（2009 年 12 月 25 日付で辞任）	
	菊地昌廣	核物質管理センター理事（2009 年 12 月 25 日付で就任）	
	戸崎洋史	日本国際問題研究所軍縮・不拡散促進センター主任研究員	
	水本和実	広島市立大学広島平和研究所教授	
	目加田説子	中央大学総合政策学部教授	
	吉田文彦	朝日新聞論説委員室論説委員	
監　事	梅林宏道	ＮＰＯ法人ピースデポ特別顧問	
	山本武彦	早稲田大学政治経済学術院教授	

◇日本軍縮学会委員会メンバー（2009 年 4 月 11 日－ 2011 年 3 月 31 日）

総務委員会	戸崎洋史（委員長）
企画・運営委員会	秋山信将（委員長）
	浅田正彦，目加田説子，吉田文彦
	石川卓，太田昌克，小川伸一（2009 年 8 月 29 日付で就任）
編集委員会	鈴木達治郎（委員長＝ 2009 年 12 月 25 日付で委員を辞任）
	水本和実（2009 年 12 月 25 日付で委員長に就任）
	石栗勉，菊地昌廣
	佐藤丙午（2009 年 8 月 29 日付で就任）
	川崎哲，広瀬訓，山根達郎（2009 年 12 月 25 日付で就任）

編集後記

ようやく『軍縮研究』の創刊号の発刊にたどりつきました。2009年4月より，重大な使命をいただいたものの，なかなか動き出すことができず，会員皆様にはご心配をおかけしました。幸い，皆様の温かいご支援のもと，G. Evans，川口両議長の特別エッセイをはじめ，第1号にふさわしい，貴重な論文が集まりました。ご協力いただいた皆様に，厚くお礼申しあげます。今回をもって私は編集委員を辞しますが，学会活動は今後も続けていく所存です。今後ともよろしくお願いいたします。

（編集担当：鈴木達治郎）

【日本軍縮学会 連絡先】
日本軍縮学会事務局
　540-0004　大阪市中央区玉造2-26-54　大阪女学院大学黒澤研究室
　E-mail: disarmament@oct.zaq.ne.jp, Fax: 06-6761-9373
　http://www.wilmina.ac.jp/ojc/disarmament/index.html
　銀行口座：りそな銀行田辺支店　普通口座1257235　日本軍縮学会
　年会費：3000円（学生1000円）。

軍縮研究　DISARMAMENT REVIEW Vol.1
創刊第1号　　　　2011年3月1日　第1版第1刷発行

　　　　　発行／日本軍縮学会
　　　　　　　会長　黒澤　満
　　　　　　　編集　日本軍縮学会編集委員会
　　　　　発売／㈱信　山　社
　　　　　　　〒113-0033 東京都文京区本郷6-2-9-102
　　　　　　　☎03（3818）1019　Fax 03（3818）0344
　　　　　　　印刷／製本　東洋印刷／渋谷文泉閣

　　　　　Ⓒ日本軍縮学会，2011　ISBN 978-4-7972-8731-8

JCOPY　〈㈳出版者著作権管理機構 委託出版物〉
本書の無断複写は著作権法上での例外を除き禁じられています。複写される場合は，そのつど事前に，㈳出版者著作権管理機構（電話03-3513-6969, FAX 03-3513-6979, e-mail: info@jcopy.or.jp）の許諾を得てください。

広瀬善男著
国家・政府の承認と内戦　上
―承認法の史的展開―
国家・政府の承認と内戦　下
―承認法の一般理論―
主権国家と新世界秩序
外交的保護と国家責任の国際法
国連の平和維持活動
日本の安全保障と新世界秩序－憲法と国際社会－
力の行使と国際法
窪　誠著
マイノリティの国際法
黒神直純著
国際公務員法の研究
李　禎之著
国際裁判の動態
ボガード著　栗林忠男訳
国際宇宙法
H.スガナミ著　臼杵英一訳
国際社会論－国内類推と世界秩序構想－
田上博道・森本正崇著
輸出管理論
島田征夫・古谷修一編
国際法の新展開と課題
林　司宣著
現代海洋法の生成と課題
桑原輝路著
海洋国際法入門
廣部和也編
地域主義の制度論的研究
初川　満編
益田哲夫・真山全・門司健次郎・芹田健太郎著
国際テロリズム入門

初川　満著
テロリズムの法的規制
植木俊哉編
ブリッジブック国際法〔第2版〕
柳原正治・森川幸一・兼原敦子編
プラクティス国際法講義
廣部和也・荒木教夫編
導入対話による国際法講義〔第3版〕
松田幹夫編
みぢかな国際法入門
家　正治編
講義国際組織入門
水上千之・臼杵知史・吉井淳編
ファンダメンタル法学講座　国際法
梁　文秀著
北朝鮮経済論
── 経済低迷のメカニズム
高桑　昭著
国際商事仲裁法の研究
石黒一憲著
国際倒産VS.国際課税
国際摩擦と法 （新版）
小梁吉章著
国際民商事法講義
櫻井雅夫編集代表　石川明教授古稀記念論文集
EU法・ヨーロッパ法の諸問題
石川明編集代表　ゲオルグ・レス教授65歳記念論文集
EU法の現状と発展
櫻井雅夫先生古稀記念論集
国際経済法と地域協力
石川明・石渡哲編
EUの国際民事訴訟法判例

◇国際私法学会編◇

国際私法年報 1 (1999)　2,857円
国際私法年報 2 (2000)　3,200円
国際私法年報 3 (2001)　3,500円
国際私法年報 4 (2002)　3,600円
国際私法年報 5 (2003)　3,600円
国際私法年報 6 (2004)　3,000円
国際私法年報 7 (2005)　3,000円
国際私法年報 8 (2006)　3,200円
国際私法年報 9 (2007)　3,500円
国際私法年報10 (2008)　2,900円
国際私法年報11 (2009)　2,900円
国際私法年報12 (2010)　3,000円

小畑郁ほか編　ヨーロッパ人権裁判所の判例
芹田健太郎著　永住者の権利　地球社会の人権論
島田征夫編著　国内避難民と国際法
初川　満著　国際人権法の展開
　　　　　　緊急事態と人権
　　　　　　　ヨーロッパ人権裁判所の判例
　　　　　　　　国際人権法概論－市民的・政治的権利の分析－
初川　満編　二十一世紀の人権
申惠丰　著　人権条約の現代的展開
谷口真由美著　リプロダクティブ・ライツとリプロダクティブ・ヘルス
芹田健太郎・薬師寺公夫・坂元茂樹著　ブリッジブック国際人権法
阿部浩己著　抗う思想・平和を創る力
尾崎久仁子著　国際人権・刑事法概論